现代电子信息技术及应用研究

王涓　戚凯　孙浩　著

中国原子能出版社

图书在版编目（CIP）数据

现代电子信息技术及应用研究 / 王涓, 戚凯, 孙浩

著. -- 北京：中国原子能出版社, 2024. 12. -- ISBN

978-7-5221-3778-0

Ⅰ. G203

中国国家版本馆 CIP 数据核字第 2024VT7497 号

现代电子信息技术及应用研究

出版发行　中国原子能出版社（北京市海淀区阜成路 43 号　100048）

责任编辑　张　磊

责任印制　赵　明

印　　刷　北京厚诚则铭印刷科技有限公司

经　　销　全国新华书店

开　　本　787 mm×1092 mm　1/16

印　　张　11.5

字　　数　170 千字

版　　次　2024 年 12 月第 1 版　2024 年 12 月第 1 次印刷

书　　号　ISBN 978-7-5221-3778-0　　　**定　价**　**78.00 元**

前　言

　　在当今科技迅猛发展的时代，现代电子信息技术以其强大的影响力和广泛的应用领域，成为推动社会进步和经济发展的关键力量。电子信息技术的不断创新与进步，正深刻地改变着人们的生活方式、工作模式以及社会的运行机制。

　　现代电子信息技术涵盖了众多领域，包括通信技术、计算机技术、微电子技术、传感器技术、人工智能等。这些技术相互融合、相互促进，共同构建了一个高度发达的电子信息生态系统。通信技术的飞速发展使得人们能够在全球范围内实现即时通信，打破了时空的限制。计算机技术的不断进步则为数据处理、信息存储和软件应用提供了强大的支撑。微电子技术的持续创新使得电子设备日益小型化、智能化和高性能化。传感器技术的广泛应用使得我们能够实时感知和监测周围的环境，为智能化控制和决策提供依据。而人工智能的崛起则为电子信息技术赋予了更高的智能水平，实现了从数据处理到智能决策的跨越。

　　现代电子信息技术的应用已经渗透到社会的各个层面。在工业领域，电子信息技术实现了生产过程的自动化、智能化和数字化，提高了生产效率和产品质量。在交通运输领域，智能交通系统利用电子信息技术实现了交通流量的实时监测、交通信号的智能控制以及车辆的自动驾驶，提高了交通运输的安全性和效率。在医疗领域，电子信息技术为医疗诊断、治疗和健康管理提供了先进的手段，如医学影像技术、远程医疗、电子病历等。在教育领域，电子信息技术推动了教育的信息化和现代化，实现了远程教育、在线学习和智能教育辅助系统。在金融领域，电子信息技术保障了金融交易的安全、高效和便捷，如电子支付、网上银行、金融风险管理等。

我们相信，电子信息技术将继续朝着更加智能化、小型化和无线化的方向发展，为传统产业的升级和新兴产业的崛起提供坚实的技术支持。希望本书不仅能为专业研究人员提供有益的参考，也能为对电子信息技术感兴趣的普通读者提供深入浅出的介绍。通过本书，读者将能够更好地理解电子信息技术的现状与未来，从而把握住技术进步带来的机遇与挑战。

在撰写本书的过程中，作者查阅和借鉴了大量的相关资料，在此向其作者表示诚挚的感谢。此外，本书的撰写也得到了相关专家和同行的支持与帮助，在此一并致谢。由于作者水平有限，加之时间仓促，书中难免出现纰漏，敬请广大读者批评指正。

目　　录

第一章　现代电子信息技术

第一节　微电子技术

一、微电子技术的出现

微电子技术是在电子电路和系统的超小型化和微型化过程中逐渐形成和发展起来的。由于军事需求，对电子设备提出了许多具有根本意义的设想，并研究出一些有用的技术。1947 年晶体管的发明，结合后来的印刷电路组装，使电子电路在小型化方面取得了重大进展。到 1958 年前后，已经研究成功以这种组件为基础的混合组件。集成电路技术是通过一系列特定的加工工艺，将晶体管、二极管等有源器件和电阻、电容等无源器件，按照一定的电路互连，"集成"在一块半导体单晶片上，执行特定电路或系统功能。

微电子学是研究在固体（主要是半导体）材料上构成的微小型化电路、电路及系统的电子学分支。作为电子学的一个分支学科，它主要研究电子或离子在固体材料中的运动规律及其应用，并利用这些规律实现信号处理功能，以实现电路的系统和集成为目的，具有很强的实用性。

微电子学是信息领域的重要基础学科，在这一领域中，微电子学不仅是研究信息的获取、传输、存储、处理和输出的科学，也是研究信息获取的科学，构成了信息科学的基石。其发展水平直接影响着整个信息技术的发展。

微电子科学技术的发展水平和产业规模是一个国家经济实力的重要标志。微电子学是一门综合性很强的边缘学科，其中包括半导体器件物理、集成电路工艺和集成电路及系统微电子技术。

微电子学是一门发展极为迅速的学科，其发展方向是高集成度、低功耗、高性能和高可靠性。信息技术发展的方向是多媒体（智能化）、网络化和个性化。系统需要获取和存储大量的多媒体信息，以极高速度精确可靠地处理和传输这些信息，并及时地把有用信息显示出来或用于控制。所有这些功能的实现，都离不开微电子技术的支撑。

超高容量、超小型、超高速、超高频、超低功耗是信息技术无止境追求的目标，也是推动微电子技术迅速发展的动力。

微电子技术是微小型电子元器件和电路的研制、生产，以及用它们实现电子系统功能的技术领域。如果说信息技术是信息社会的支柱，那么微电子技术就是信息技术的支柱。因此，微电子技术被誉为 21 世纪的先导技术。

二、集成电路技术

（一）集成电路的诞生

1947 年，美国贝尔电话实验室的肖克莱和布赖顿经过十几年的努力，制成了世界上第一只晶体管。这一发明拉开了人类社会步入信息时代的序幕。1950 年，肖克莱等人发明了晶体三极管。晶体管因其体积小、重量轻、耗能低、寿命长、制造工艺简单、使用时不需预热等优点，取代了传统的电子管，极大地推动了电子技术的发展。随着军事需求和经济发展的推进，电子设备的可靠性、稳定性要求日益提高，传统的分立元件电路已无法满足需求。1952 年 5 月，英国皇家研究所的达默在美国工程师协会的座谈会上首次提出了集成电路的设想。经过几年的实践和努力，1958 年，某仪器公司的工程师们发明了集成电路。尽管当时一块芯片上仅能集成 5 个晶体管，但这种将多个晶体管和电阻、电容元件集成在一块芯片内的新型器件，标志着半导体制造工艺产生了质的飞跃。集成电路是指以半导体晶体材料为基片，采用专门的工艺技术将电路元器件和互连线以整体形式集成在基片内部、表面或基片之上的微小型化电路或系统。它能替代多个分立元件完成的功能，并随着科技的发展迅速扩展其功能。集成电路的出现打破了电子技术中器件与线路分离的传统，推动了电子元器件与线路甚至整个系统向一体化发展，为电子设备性能提升、价格降低、体积缩小、能耗降低提供了新的途径，也为电子设备的普及奠定了基础。

（二）集成电路的种类及发展

在一定尺寸的芯片上（如微型电路板，尺寸甚至小于小拇指的指甲）制作出的晶体管数量被称为集成度，这是衡量集成电路技术水平的重要指标。集成电路可根据集成度分为小规模、中规模、大规模和超大规模几类。通常，芯片集成度在 100 个元器件以下的为小规模集成电路，100 至 1 000 个元器件的为中规模集成电路，超过 1 000 个元器件的为大规模集成电路，集成度在 10 万个元器件以上的为超大规模集成电路。集成电路的发展速度之快，是其他技术难以企及的。20 世纪 60 年代初是小规模集成电路时期，70 年代进入飞速发展期，随之大规模集成电路时代来临，期间已能集成 20 多万个元器件。进入超大规模集成电路时代后，集成度和功能大幅提升。20 世纪 80 年代中后期，集成电路技术步入了微米和亚微米时代（1 μm = 10^{-6} m），实现了真正意义上的微型化。目前，集成电路的集成度已达到数十亿元器件。我国第一块集成电路诞生于 1956 年，2012 年国内集成电路产量达 823 亿块，取得了显著成就。

（三）集成电路的制作工艺

生产集成电路的原料包括硅、铝、水、某些化合物及普通气体，虽然这些材料不昂贵，但制作工艺非常复杂，对设备要求极高。制作过程首先将高纯度硅晶体切成薄圆片，然后在薄片上逐层蚀刻和掺杂。各薄层的线宽极小，需采用高精技术。2013 年，芯片线宽已达到 22 nm（1 nm＝10^{-6} m）。蚀刻过程中，使用激光、电子束、离子束或等离子束，通过掩膜将设计好的电路图形刻画到硅薄层上。

三、微电子技术的应用

集成电路自出现以来，迅速发展，对社会生产和生活产生了巨大影响。

微电子技术的发展首先推动了计算机技术的变革，使微型计算机普及，尤其是 IBMPC 个人电脑的出现。微电子技术也广泛应用于广播电视，例如，数字调谐技术的应用。自动化技术的发展同样离不开微电子技术的支持，例如，数控技术和工业机器人的应用。

四、微电子技术的发展趋势

微电子技术，特别是集成电路技术受到各国高度重视。例如，用铜替代铝制作计算机芯片连线的技术突破，以及使用"瞬间技术"开发的"瞬间记忆"芯片，都预示着微电子技术的未来发展。

我国电子工业自 20 世纪 60 年代中期起步，20 世纪 80 年代初期集成电路产量已达百万块，至 20 世纪 80 年代中期达千万块。1995 年产量已达 6 亿块。我国在硅片生产技术方面也取得了显著成就，如北京有色金属研究总院半导体中心研制出多种规格的硅单晶，并建成了具有自主知识产权的生产线，标志我国在大规模集成电路用硅片生产能力上达到国际先进水平。

据专家分析，当前微电子技术的发展趋势可概括为以下几点：

（1）21 世纪微电子技术仍将以极快的速度发展。这是因为它自身具有极大的潜力，而且有现代信息社会需求的强大推动。

（2）在今后相当长的一段时间内，微电子技术仍将主要以硅为主要材料、CMOS 为主导工艺技术。重点是设计方法学、设计技术和工具的发展。目标是在加工线宽不断缩小的同时，使微电子芯片功能更强、速度更快、功耗更低、体积更小、更可靠、更便宜。

（3）广义的系统集成技术，即将信息的获取、处理和利用的整个智能系统集成到一个或几个芯片上的技术，是一个需要重视的方向，将成为 21 世纪的一项突破性技术。

（4）技术、装备和方式将有较大的变革，走向计算机集成生产系统（CIMS）的生产方式无疑是微电子大生产的必然方向。

（5）金属—氧化硅—半导体（MOS）器件的工作极限不会妨碍微电子技术的继续高速发展，而新一代器件的诞生将使微电子技术提升到更高水平。

可以预期，21 世纪微电子技术将继续高速发展，集成度更高、工作速度更快、功能更强、功耗更低、价格更低廉的微电子产品将不断涌现。基于某些新原理工作的器件将"取代"传统器件，微电子技术将进入一个既充满挑战又充满机遇的新世纪。

第二节　纳米电子技术

纳米技术，是指在 0.1～100 nm 的尺度里，研究电子、原子和分子内的运动规律和特性的一项崭新技术。

科学家们在研究物质构成的过程中，发现在纳米尺度下隔离出来的几个、几十个可数原子或分子，显著地表现出许多新的特性，而利用这些特性制造具有特定功能设备的技术，就称为纳米技术。

一、纳米电子器件

（一）纳米电子器件与纳米电子技术

纳米电子器件指利用纳米级加工和制备技术，如光刻、外延、微细加工、自组装生长及分子合成技术等，设计制备而成的具有纳米级（1～100 nm）尺度和特定功能的电子器件。目前，人们利用纳米电子材料和纳米光刻技术，已研制出许多纳米电子器件，如电子共振隧穿器件（共振二极管 RTD、三极共振隧穿晶体管 RTT）、单电子晶体管（SET）、金属基 SET、半导体 SET、纳米粒子 SET、单电子静电计、单电子存储器（SEM）、单电子逻辑电路、金属基单电子晶体管（SET）存储器、半导体 SET 存储器、硅纳米晶体制造的存储器、纳米浮栅存储器、纳米硅微晶薄膜器件和聚合体电子器件等。

纳米电子技术是指在纳米尺寸范围内构筑纳米和量子器件，集成纳米电路，从而实现量子计算机和量子通信系统的信息计算、传输与处理的相关技术，其中，纳米电子器件是目前纳米电子技术发展的关键与核心。现在，纳米电子技术正处在蓬勃发展时期，其最终目标在于立足最新的物理理论和最先进的工艺手段，突破传统的物理尺寸与技术极限，开发物质潜在的信息和结构潜力，按照全新的概念设计制造纳米器件、构造电子系统，使电子系统的储存和处理信息能力实现革命性的飞跃。

（二）纳米电子器件的分类

关于纳米电子器件的分类，国内外有着不同的看法。根据纳米电子技术的发展和对未来的预测，一种分法把纳米电子器件广义地分为以下 8 类：① 纳米级 CMOS 器件，如绝缘层上硅 MOSFET、异质结 MOSFET、低温 MOSFET、双极 MOSFET 等；② 量子效应器件，如量子干涉器件、量子点器件和谐振隧道器件等；③ 单电子器件，如单电子箱、电容耦合和电阻耦合单电子晶体管、单电子结阵列、单电子泵、单电子陷阱等；④ 单分子器件，如单电子开关、单原子点接触器件、单分子开关、分子线、量子效应分子电子器件、电化学分子电子器件等；⑤ 纳米传感器，如量子隧道传感器等；⑥ 纳米集成电路，包括纳米电子集成电路和纳米光电集成电路；⑦ 纳米存储器，如超高容量纳米存储器、隧道型静态随机存储器、单电子硅基 MOS 存储器、单电子存储器、单电子量子存储器等；⑧ 纳米 CMOS 混合电路，包括纳米 CMOS 电路和Ⅲ－Ⅴ族化合物半导体共振隧道效应电路，纳米 CMOS 电路和单电子纳米开关电路，纳米 CMOS 电路和碳纳米管电路，纳米 CMOS 电路和人造原子电路，纳米 CMOS 电路和 DNA 电路等。

在这种分类中，纳米级 CMOS 器件、纳米传感器、纳米存储器、纳米集成电路以及纳米 CMOS 混合电路等分别被作为一种独立的纳米器件类型。但事实上，这些纳米传感器、纳米级的 CMOS 器件或电路是否应该纳入纳米器件的范畴，目前还存有争议。

根据 David 等人对纳米电子器件范畴提出的两个基本条件，即器件的工作原理基于量子效应；具有隧穿势垒包围的"岛"（或势阱）的典型结构。纳米传感器、纳米级 CMOS 等器件虽然尺度为纳米量级，也是用纳米加工技术研制成功的，但它们只能归属于纳米器件的大类而不属于纳米电子器件范畴。基于这种观点，认为纳米电子器件可分为固体纳米电子器件，包括共振隧穿器件、量子点（QD）器件和单电子器件（SED）；分子电子器件，主要包括量子效应分子电子器件和电机械分子电子器件。根据电子在纳米器件中的量子效应，即电子的波粒二相性，把具有各种量子功能的纳米电子器件分为两类：① 单电子器件，这类器件的电子处于点结构中，其行为以粒子性为侧重，典型的实例有单电子晶体管、单电子开关等；② 量子波器件，这类器件中的电子处于相位相干结构中，其行为以波动性为主，主要包括量子线晶体管、量子干涉器件、谐振隧道二极管、晶体管等。此外，考虑到原理和材料结构上的明显差异，还将分子电子器件和上述的单电子器件、量子波器件并列，单独作为一类特殊的纳米电子器件。这类器件的研究属于分子电子学范畴，包括分子电子开关、电化学分子器件等。

二、纳米电子器件的制备技术

要制备纳米电子器件及实现其集成电路，有两种可能的方式。一种方式是将现有的电子器件、集成电路进一步向微型化延伸，研究开发更小线宽的加工技术来加工尺寸更小的电子器件，即所谓的"由上到下"的方式。另一种方式是利用先进的纳米技术与纳米结构的量子效应直接构成全新的量子器件和量子结构体系，即所谓的"由下到上"的方式。纳米电子器件"由上到下"的制备方式主要是指光学光刻、电子束光刻和离子束光刻等技术。"由下到上"的制备方法则包括金属有机化学气相沉积（MOCVD）、分子束外延（MBE）、原子层外延（AEE）、化学束外延（BE）等外延技术、扫描探针显微镜（SPM）技术、分子自组装合成技术，以及特种超微细加工技术等。

（一）光刻技术

光学光刻、电子束光刻与离子束光刻技术统称三束光刻技术，是通过掩模、曝光等工艺将设计的器件图形结构转移到半导体基片上的 IC 加工技术。目前，随着光刻技术线宽的不断减小，光学光刻、电子束光刻与离子束光刻技术已在纳米 CMOS 器件、纳米集成电路、纳米 CMOS 混合电路等加工领域表现出了很好的应用前景，并开始在一些纳米电子器件加工方面取得了应用。

1. 光学光刻技术（OL）

光学光刻是通过光学系统以投影方法将掩模上的大规模集成电路器件

结构图形"刻"在涂有光刻胶硅片上的技术。它是现在 IC 产业半导体加工的主流技术。在这种技术中，通常甲基丙烯酸酯聚合物（PMMA）被用作抗蚀涂层，甲基异丁酮和异丙醇合剂被用作显像剂。目前，国际微电子领域最引人关注的热点是新一代光刻技术。随着加工尺寸向 0.1 μm 逼近，能否突破 0.1 μm 成为现有光学光刻技术所面临的最为严峻的挑战。限制光刻所能获得的最小线宽与光刻系统的分辨率直接相关，而减小光源的波长是提高光刻分辨率的最有效途径。现在，商品化光刻机的光源波长已经从过去的汞灯光源紫外光波段进入到深紫外波段，已可以用波长为 193 nm 的 Arf 准分子激光作光源获得 0.18 μm 的光刻线宽度。另外，利用更短波长的极紫外光（波长为 10～14 nm）和 XRL 光（1 nm）作为光源的极紫外光刻（EUVL，也称软 X 射线光刻）和 X 射线光刻技术也得到了发展。根据目前光刻技术的发展形势，EUVL 将很可能成为大批量生产特征尺寸为 70 nm 及更细线宽集成电路的主流技术。除此之外，利用光的干涉特性以及电磁理论结合光刻实际对曝光成像的深入分析，采用各种波前技术优化工艺参数也是提高光刻分辨率的重要手段。

2. 电子束光刻技术（EBL）

电子束光刻是采用高能电子束对光刻胶进行曝光而获得结构图形的光刻技术。鉴于电子束的德布罗意波长为 0.004 nm 左右，远小于光刻技术的波长，因此，电子束光刻几乎不受衍射极限的影响，便可获得接近原子尺度的分辨率。现在，EBL 不但成为 VLSI 制作中不可缺少的掩模制作工具，同时，也成为加工纳米器件和纳米结构的主要方法。目前，电子束曝光机的分辨率已达到 0.1 μm 以下。但电子束光刻的生产效率很低，仅为每小时 5～10 个圆片，远小于目前光学光刻的每小时 50～100 个圆片的水平，故已成为限制其广泛应用的"瓶颈"。某公司开发的角度限制散射投影电子束光刻 SCALPEL 技术令人瞩目，该技术如同光学光刻那样对掩模图形进行缩小投影，并采用特殊滤波技术去除掩模吸收体产生的散射电子，从而在保证分辨率条件下提高产出效率。应该指出，无论未来光刻采用何种技术，EBL 都将是集成电路研究与生产不可缺少的基础设施。

3. 离子束光刻（IBL）

离子束光刻是采用液态原子或气态原子电离后形成的离子通过电磁场加速及电磁透镜的聚焦或准直后对光刻胶进行曝光的光刻技术。其原理与电子束光刻类似，但德布罗意波长更短，且具有无邻近效应小、曝光场大等优点。离子束光刻主要包括聚焦离子束光刻（FIBL）、离子投影光刻（IPL）等。其中 FIBL 发展最早，最近已在实验研究中获得了 10 nm 的分辨率。目前仅用于 VLSI 中的掩模修补工具和特殊器件的修整。由于 FIBL 的缺点，现在，人们又开始发展具有较高曝光效率的 IPL 技术。

（二）外延技术

金属有机化学气相淀积（MOCVD）、分子束外延（MBE）、原子层外延（AEE）与化学束外延技术（BE）统称外延技术，是在基体上生长纳米薄膜的一种纳米制造技术，可用于纳米集成电路用硅基半导体材料（SOI）、纳米半导体结构/器件的加工与制备。

在超高真空系统中相对地放置衬底（一般 SI 基衬底）和多个分子束喷射炉，将组成化合物（如 Ga、As 等）的各种元素（如 Ga、As 等）和掺杂剂元素（如 Si、Be 等）分别放入不同的喷射炉内，加热使它们的分子以一定的热运动速度和一定的束流强度比例喷射到加热的衬底表面，最终与表面相互作用进行单晶薄膜的外延生长。各喷射炉前的挡板用来改变外延膜的组分和掺杂。根据设定的程序开关挡板、改变炉温和控制生长时间，则可生长出不同厚度的化合物或不同组分比的三元、四元固溶体以及它们的异质结，从而制备出各种超薄微结构材料。目前，采用外延生长最常见的纳米集成电路用硅基半导体材料有绝缘体上硅（SI）材料和锗硅（SiGe）异质材料。SI 和 SiGe 异质材料以及派生出的新型硅基半导体材料，由于可满足低电压、低功率、高速度、抗辐射等电路要求，已开始应用于各种微纳电子器件和集成电路。

MBE、MOCVD、ALE 等外延技术能够满足设计精度要求，如外延层组分、厚度、掺杂浓度和电学均匀性等，故可以生长出各种高质量的超晶格量子阱材料。另外，采用 V 形槽表面或台阶表面上的选择外延、条栅掩模选择水平外延、应变诱导限制外延以及激光辅助原子束外延等改进的外延技术，还可以制造出各种具有特殊功能的低维纳米结构，如一维量子线和零维量子点等。

（三）分子自组装合成技术

自组装是依赖分子间非共价键力自发结合成稳定的聚集体的过程。自从 20 世纪 80 年代提出分子器件的概念至今，人们已从 LB 技术发展到了分子自组装技术，从双液态隔膜（BLM）技术发展到了 SBML 技术，已在分子组装有序分子薄膜、加工具有特定功能的分子聚集体方面取得了丰硕的成果。如某大学化学系采用胶体晶体的自组装技术合成 CdSe 纳米晶三维量子点；Alivisatos 等采用金属胶体纳米结构自组装技术，通过 Watson-crick 的碱基配对作用把 Au 纳米粒子自组装到 DNA 分子上，形成了"纳米晶分子"；Yang 等采用多孔纳米结构自组装技术将正硅酸乙酚（TEOS）与氯代十六烷基三甲镀的酸性水溶液混合，然后让其在新鲜解理云母表面上于 80 度下成核生长，得到了取向生长连续的介孔 SiO_2 薄膜等。

（四）SPM 技术

自从 1982 年第一台扫描隧道显微镜（STM）诞生，以及后来各种扫描探针显微镜发明以来，人类对微/纳观世界的认识翻开了新的一页。SPM 不仅可以进行高分辨率的三维成像和测量，还可对材料的不同性质进行研究。因此，已不仅是一种微观测量分析的工具，而且是一种重要的微观加工与操纵工具。

（1）利用 SPM 探针直接在样品表面刻画形成纳米图案或拨动颗粒至指定地方，构造特定的纳米电子器件/结构。此技术一般需要选用特殊的 SPM 探针，探针针尖一般是坚硬的金刚石颗粒，探针悬臂梁需要具有高弹性模量的材料，通常达到 20 N/m。如相关研究者利用自行开发的 AFM 刻蚀系统在 Au-Pd 合金膜上成功地刻画出了纳米尺度的孔洞、沟槽和各种复杂的图形。

（2）使用扫描探针技术与其他技术相结合，可操纵控制分子和原子、加工出纳米级尺度的微型机构，甚至可以用来设计、制造、组装新型的量子器件和设备。近年来，科学家在这方面取得不少重要成果，已设计出单电子开关、单电子晶体管、单电子逻辑器、碳纳米管整流器、分子开关、化学分子马达及用 AFM 加工出纳米锁和纳米钥匙等。

三、纳米技术的应用

（一）纳米技术在微电子学领域的应用

纳米电子学是纳米技术的重要组成部分，其核心理念是通过利用纳米粒子的量子效应来设计和制造纳米量子器件。这包括纳米有序（或无序）阵列体系，纳米微粒与微孔固体组装体系，以及纳米超结构组装体系。纳米电子学的终极目标是进一步缩小集成电路尺寸，开发出由单原子或单分子构建的、在室温下可使用的各种器件。现阶段，利用纳米电子学已成功研制出多种纳米器件，如单电子晶体管、红、绿、蓝三基色可调谐的纳米发光二极管，以及利用纳米丝和巨磁阻效应制成的超微磁场探测器。此外，具有独特性能的碳纳米管的成功研制，对纳米电子学的发展起到了关键作用。碳纳米管是由石墨碳原子层卷曲而成，直径控制在 100 nm 以下。电子在碳纳米管内的径向运动受到限制，表现出典型的量子限制效应，而在轴向则不受限制。清华大学的教授们利用碳纳米管，通过在纳米管内进行气相反应，成功生长出半导体纳米线。他们将 Si_2SiO_2 混合粉体置于石英管中的坩埚底部，加热并通入 N_2，使 SiO 气体与 N_2 在碳纳米管内反应，生成 SiN 纳米线，直径为 4～40 nm。此外，1997 年他们还制备出了 GaN 纳米线。1998 年，该科研组与美国斯坦福大学合作，首次在硅衬底上实现了碳纳米管阵列的自组织生长，这一成果将大大推动碳纳米管在场发射平面显示方面的应用。其独特的电学性能使碳纳米管可用于大规模集成电路和超导线材等领域。

（二）纳米技术在医学领域的应用

随着纳米技术的发展，其在医学领域的应用也日益显现其潜力。研究人员发现，生物体内的 RNA 蛋白质复合体尺寸介于 15～20 nm 之间，而多种病毒也属于纳米粒子。小于 10 nm 的粒子比血液中的红细胞还要小，因此可以在血管中自由流动。如果将这些超微粒子注入血液，它们可以被输送到人体的各个部位，作为监测和诊断疾病的手段。科研人员已成功利用纳米 SiO_2 微粒进行细胞分离，以及利用金的纳米粒子进行定位病变治疗，以减少副作用。此外，利用纳米颗粒作为载体的病毒诱导物已在临床动物实验中取得突破性进展。纳米技术在生命医学上的应用，使得我们能够在纳米尺度上理解生物大分子的精细结构及其功能关系，获取生命信息。科学家们设想利用纳米技术制造分子机器人，在血液中循环，对身体各个部位进行检测、诊断，并实施特殊治疗，如疏通脑血管中的血栓，清除心脏动脉脂肪沉积物，甚至吞噬病毒，杀死癌细胞。随着这一技术的进步，未来几年内，包括艾滋病、高血压、癌症等在内的疑难病症有望得到有效解决，从而引发医学研究的一次革命。

（三）纳米技术在生物工程领域的应用

众所周知，分子是保持物质化学性质不变的最小单位。生物分子是优秀的信息处理材料，每个生物大分子本质上都是一个微型处理器。分子在运动过程中的状态变化以可预测的方式发生，原理类似于计算机的逻辑开关。结合纳米技术利用这一特性，可以设计出量子计算机。Delman 博士等研究人员应用基于 DNA 分子计算技术的生物实验方法，成功解决了当前计算机难以处理的问题——"哈密顿路径问题"，加深了人们对生物材料信息处理功能和生物分子计算技术的理解。

第三节　光电子技术

光电子技术是激光技术在电子信息技术领域的应用所衍生的技术，更确切地说，可以称之为信息光电子技术。自 20 世纪 60 年代激光技术问世以来，其最初仅应用于激光测距等有限领域。然而，到了 20 世纪 70 年代，随着能够在室温下连续工作的半导体激光器以及传输损耗极低的光纤的出现，光电子技术得到了迅猛发展。目前，全球铺设的通信光纤总长已超过 1 000 万 km，这些光纤主要用于构建宽带综合业务数字通信网。同时，以光盘为代表的信息存储技术，以及激光打印机、复印机和发光二极管大屏幕显示等先进的信息显示技术，已成为市场上领先的电子产品。此外，人们对光电神经网络计算机技术寄予厚望，期待能够开发出功耗更低、响应带宽更大、噪声更低的光电子技术。

光电子技术涉及的范围非常广泛，它围绕光信号的产生、传输、处理和接收，涵盖了新材料（如新型发光感光材料、非线性光学材料、衬底材料、传输材料和人工材料的微结构等）、微加工和微机电技术、器件和系统集成等多个从基础到应用的领域。作为光电信息产业的支柱与基础，光电子技术科学融合了光电子学、光学、电子学、计算机技术等前沿学科的理论，是一门多学科相互渗透、交叉形成的高新技术学科。

光子学，亦称光电子学，主要研究以光子作为信息载体和能量载体的科学，探讨光子如何产生及其运动和转化的规律。而所谓的光子技术，则主要研究光子的产生、传输、控制和探测的科学技术。目前，光子学和光子技术在信息、能源、材料、航空航天、生命科学和环境科学技术等领域得到了广泛应用，这无疑将推动光子产业的快速发展。具体来说，光电子学是研究光波波段（包括红外线、可见光、紫外线和软 X 射线波段）的电子学。在经历 20 世纪 80 年代与其他相关技术的交叉渗透后，光电子技术在 20 世纪 90 年代取得了飞速的技术进步和应用拓展，在社会信息化进程中发挥着越来越重要的作用。当前，光电子技术的研究热点主要集中在光通信领域，这对全球信息高速公路的建设以及国家经济和科技的持续发展具有举足轻重的推动作用。因此，国内外正掀起一股光子学和光子产业的热潮。

一、光电子技术的发展

一些国家将大量资金投入光子学和光子技术的研究与开发，许多以光子学命名的研究中心、实验室和公司如雨后春笋般建立起来。毫不夸张地说，一个国家对光子学的投资以及在这一领域从事研究工作的人数直接反映了这个国家科学技术发展的水平。国际知名的科学家已经预言：光子时代已经到来，光子技术将引发一场超越电子技术的产业革命，将给工业和社会带来比电子技术更大的冲击。光电子技术和产业在国家经济建设和科学持续发展中的作用日益凸显。

我们通过激光输出的脉冲能量已经达到 13 PW，这几乎是一个天文数字。再将激光用光学系统聚焦，在焦点位置上的强度可达到 10^5 PW，温度非常高，足以熔化最难熔的金属，气化所有坚硬的物质，甚至破坏物质结构。同样，利用光子技术还可以获得最高的压强，得到最短的光脉冲。此外，光电方法还可以实现最精密的刻画。目前，在国际上已经能够实现几十千米内的安全通信，国内也在进行这方面的研究。另外，利用光子学的方法还可以得到最低的温度，可以把原子冷却到接近绝对零度。以上这些，都是光电技术可以达到的最高纪录。在科学研究方面，利用光子学技术也创造了很多新的成果。

同时，光电子技术衍生出了许多新兴科学技术和新兴的高技术产业，极大地推动了高新技术的发展和产业结构的调整优化。

二、光电子技术的应用

（一）光电子技术在传统产业领域的应用

光电子技术是最先进的技术，对传统产业的技术改造、新兴产业的发展、产业结构的调整优化起着巨大的促进作用。光电子技术具有精密、准确、快速、高效等特点，它有助于全面提高工业产品的高、精、尖加工水平，并大幅度提高附加值及竞争能力。以激光加工技术为例，它应用于汽车、航空、航天、通信、微电子等工业，具有加工速度快、效率高、质量好、变形小、控制方便和易于实现自动化生产等优点，对提高产品质量、降低生产成本、提高国际市场竞争能力具有重要作用。

1. 汽车制造

光电子技术在汽车制造行业的应用极大地推动了汽车工业的发展。首先是高功率的激光器被用于切割、焊接材料；其次是机械视觉系统在汽车制造加工中被广泛应用，通过其产生的信息来调整制造加工工艺，从而提高产品的质量；而利用激光超声对固体材料进行非破坏性测试也显示了光电子技术在汽车制造业中极大的应用潜力。

2. 制作有源阵列液晶显示器

首先，使用光刻技术产生薄膜晶体管阵列及色滤波器阵列。其次，光学监测被用来监视裸衬板、色滤波乙阵列及最后的显示器产品，工艺过程中的诊断，利用光学对微粒实行控制，紫外光常被用来解决液晶单元的密封问题。最后，激光常被用来定位及修补制造加工中的缺陷。

3. 太阳能光伏技术改变传统能源结构

许多国家都制定了庞大的光伏技术发展计划,开发方向是大幅度提高光电池转换效率和稳定性,降低成本,不断扩大产能。目前,已有80多个国家和地区形成商业化、半商业化生产能力,年均增长达16%,市场开拓从空间转向地面系统应用,甚至用于驱动交通工具。

(二)光电子技术在军事领域的应用

光电子科学技术使国防军事具有快速反应和精确打击的能力,它能提供既快又准的军事信息,使己方看得更清、反应更快、打得更准、生存能力更强。因此,光电子技术被认为是军事领域的主流技术、国防军事现代化的重要支柱。

(1)激光聚变不仅可以作为未来能源,它还有重要的军事应用价值。它可以模拟氢弹的爆炸过程,代替既费钱又不安全的空中或地下核试验。目前,激光致盲武器已装备部队,舰载和机载激光反导器已开始走出实验室。

(2)电光技术已成为军方的核心技术,美国的国家防务水平随着电光技术的开发呈现快速增长的势头,美国每年用于防务光电技术的开发费用高达50亿美元。

(三)光电子在尖端科学技术领域的应用

光电子科学在科学技术的发展中起着巨大的推动作用。光电子科学技术涵盖众多学科与技术,特别是基础学科技术:材料科学和技术、计算机科学技术、生命科学及技术等。光电子技术所涉及的科学领域都是21世纪发展的尖端科学技术。

1. 兆兆纪元

在兆兆纪元中,技术的迅猛发展使得传输、处理和存储能力达到了前所未有的高度。传输网络包括每秒数百千兆位的存取网络、数十千兆位的局域网以及每秒 1 000 兆位的台式电脑终端，构建了一个每秒兆兆位的远程传输干线。处理能力方面，计算机每秒可以运算兆兆次，依赖每秒兆兆位的开关速度、数千兆赫的时钟电路和每秒数百兆字节的互联技术。存储技术则实现了兆兆字节的数据库，使用数兆兆字节的盘片驱动和数千兆位的记忆芯片。光电子技术的进步，特别是在光纤传输容量、光处理能力和光存储密度的提升上，显示了在约 15 年内，信息技术功能从千兆级跃升至兆兆级的巨大潜力。

2. HIV 的免疫系统监测

用光学生物医学仪器研究艾滋病已取得重要进展，如利用自动化基因序列测定器、扫描激光荧光计，科学家能够对艾滋病毒的全部基因进行序列测定。下一代艾滋病诊断技术将集中于测定外周血流中自由 HIV 浓度，即病毒负荷。这种诊断测试对于发展有前途的抗艾滋病病毒新药、蛋白酶抑制剂，以及涉及联合这些抗病毒药物治疗确定其有效性是非常重要的。在这种尖端的分子生物学实验室中，如果使用光学探测，如定量化的聚合酶链反应（qPCR）定量化衍生的 DNA，将对开展与 HIV 的战斗具有战略影响。

第二章　电子信息技术概述

第一节　信息化社会背景

一、信息化背景分析

信息化依赖于发达的电子信息技术手段：计算机（硬件和软件）是信息处理技术的核心；计算机的核心是集成电路；孤立的计算机并不能实现信息化，必须有互联网的普及应用才能发挥其作用，使其深入社会管理、教育、医疗等各个应用领域；要组成信息网络又必须依赖通信技术，包括有线通信和无线通信。因此，只有实现了信息技术的综合平衡发展，才能推动社会的深刻变革，使人类步入信息化社会。

移动通信技术的发展和普及大大加快了社会信息化的进程，尤其是未来移动通信与互联网的融合和宽带无线接入与互联网的融合，将使人们获取信息、交换信息、生活、工作变得前所未有的方便、快捷。互联网的发展应用将加快社会的信息化进程。科技是第一生产力，信息技术是推动人类社会进入信息化社会的基础动力。

随着我国经济的高速增长，我国信息化有了显著的发展和进步，缩小了与发达国家的差距。我国信息化已走过两个阶段，正向第三阶段迈进。第三阶段定位为新兴社会生产力，主要以物联网和云计算为代表，这两项技术掀起了计算机、通信、信息内容的监测与控制的 4C 革命，网络功能开始为社会各行业和社会生活提供全面应用。

二、信息化层次分析

（一）产品信息化

产品信息化是信息化的基础，包含两层意思：一是产品所含各类信息比重日益增大、物质比重日益降低，产品日益由物质产品的特征向信息产品的特征迈进；二是越来越多的产品中嵌入了智能化元器件，使其具有越来越强的信息处理功能。

（二）企业信息化

企业信息化是国民经济信息化的基础，指企业在产品设计、开发、生产、管理、经营等多个环节中广泛利用信息技术，并大力培养信息人才，完善信息服务，加速建设企业信息系统。

（三）产业信息化

产业信息化指农业、工业、服务业等传统产业广泛利用信息技术，大力开发和利用信息资源，建立各种类型的数据库和网络，实现产业内各种资源、要素的优化与重组，从而实现产业的升级。

（四）国民经济信息化

国民经济信息化指在经济大系统内实现统一的信息大流动，使金融、贸易、投资、计划、通关、营销等组成一个信息大系统，使生产、流通、分配、消费等经济的四个环节通过信息进一步联成一个整体。国民经济信息化是各国急需实现的目标。

（五）社会生活信息化

社会生活信息化指包括经济、科技、教育、军事、政务、日常生活等在内的整个社会体系采用先进的信息技术，建立各种信息网络，大力开发有关人们日常生活的信息内容，丰富人们的精神生活，拓展人们的活动时空。等社会生活极大程度信息化以后，我们也就进入了信息社会。

第二节　信息科学技术与研究领域

整体来说，这段文字内容丰富，涵盖了信息获取、传输和网络技术等多个方面的知识，表达了信息技术在现代社会中的重要作用和发展趋势。不过，其中存在一些语言流畅性、逻辑一致性和专业术语使用上的问题，需要进行一定的优化和修正。以下是优化后的文本：

一、信息获取

一切生物都需要随时获取外部信息才能生存。人类主要通过眼睛、耳朵、鼻子等感官来获取外界信息，并利用大脑对这些信息进行加工、分析和处理，然后做出相应的反应。在信息技术高度发达的今天，人们可以借助各种信息技术手段来获取各种信息，并通过以计算机为核心的信息处理系统对所获取的信息进行综合处理，从而提高信息获取的准确度和实现信息的高效利用。

人们需要获取的信息多种多样，在日常生活中最常见的是语音和图像信息的获取。例如，医生需要获取病人病情的信息，自动控制系统需要获取被控制对象的物理参数信息，而信息化战争中则需要获取各类军事目标的信息。

（一）语音信息的获取

获取语音信息有多种方法，除了早期留声机采用直接记录声波引起的机械振动的方法之外，现在比较通用的方法是将声音转换成电信号，这类可转换信号的转换器统称为拾音器。拾音器实际上是一种声音传感器，如固定电话和移动电话中的送话器、会场扩音系统中的麦克风等。

根据声波转换成电信号的不同机理，拾音器大致分为两类：一类是采用压电晶体（或压电陶瓷），另一类是采用动态线圈。压电陶瓷的物理特性是：当受压时会产生电，可以通过瓷片两边的金属膜将电信号引出；如果在瓷片两边加交流电压信号，瓷片就会产生与交流电压信号频率相同的振动。因此，压电陶瓷可以将声波压力变为电信号，又可以在电信号作用下发声。动态线圈的工作原理是线圈切割磁力线而产生电流。这两类拾音器的共同结构是都有一个"纸盆"以感知声波的振动。

（二）图像信息的获取

图像信息的获取应用十分广泛，如照相机、摄像机、视频会议、远程医疗、实时监控、机器人视觉、地球资源遥感等。要获取图像，首先要有摄像头。摄像头主要分为光电扫描摄像头和半导体 CCD 电荷耦合器件摄像头两大类。早期使用光电摄像管，但现在几乎全部采用 CCD，其区别在于摄像管中的感光器件。

1. 光电导摄像管的工作原理

光电导摄像管由感光靶面、光学镜头和电子束扫描控制系统等组成。外部景物通过光学镜头成像在由光－电转换材料制成的靶面上，光的强弱不同，感光靶面上相应感光点上的电压强度也不同。电子束从左至右扫描一条线，称为一"行"，扫描完整靶面一次为一"场"，这就是早期电视摄像头的工作原理。扫描的快慢根据应用要求不同而不同，在模拟电视系统中是每秒扫描 50 场，每场图像扫描 625 行；如果是资源卫星中的图像遥感，则扫描频率可能慢得多。

顺便说明，彩色图像是由红、绿、蓝三种颜色图像合成的，因此需要红、绿、蓝三个摄像头分别摄像才能合成出彩色图像。

2. CCD 半导体摄像工作原理

CCD 半导体的摄像头用 CCD 电荷耦合器件代替了光电摄像管的靶面，用 DSP 控制芯片代替光电摄像管中的电子束扫描系统。一个 CCD 元件构成一个像素点，目前 CCD 已能制作到 1 450 万个像素点。DSP 芯片比电子束扫描的控制精度高得多，且消耗功率很小。目前 CCD 几乎应用到了所有的图像传感器领域。

CCD 图像传感器的电荷耦合单元的每一个 CCD 单元由电荷感应、控制和传递三个小单元构成，电荷的多少由光的强弱决定，各单元的电荷依次按行在控制单元的控制下传递出去，按行、场的规律排列就组成了一幅图像。例如，一个由 648×488 个像素点组成的 CCD 感光摄像芯片。

我们可以制造出对不同光线敏感的 CCD 器件，用于不同的用途，如红外成像和微波遥感等。红外成像应用广泛，如医疗、温度检测、夜视仪、工业控制、森林防火等；微波遥感可用于资源卫星、探物、探矿等。

（三）物理参数信息的获取

在自动控制中，往往需要测量被控制对象的物理参数，如位置、温度、压力、张力、变形、流量（液体或气体）、流速等，这些都是通过传感器实现的。一般传感器都需要将被测参数的变化转变成电参数的变化。设计与制造优质传感器的关键是材料。

（四）军事信息的获取

在信息技术高度发展的今天，战争形态已发展到了以使用信息化武器进行战争为主要特征的新阶段。信息化战争是信息获取、信息传递、信息处理和信息利用的综合信息技术能力及信息化武器的战争。只有获取了信息，才能耳聪目明；只有信息传递顺畅，才能指挥自如；只有及时准确地处理和利用信息，才能运筹帷幄。

现代军事信息获取工具已发展成为一类复杂的信息获取平台，如预警飞机、侦察卫星、雷达网和无人侦察飞机，甚至空天飞机等。按照运载装备平台的活动空域，可分为地面观测、空中观测、海上观测和航天观测等；按信息获取使用的手段，可分为雷达、电视、光学、照相、声呐、微波、红外和激光等。军事信息获取已超越了时空和单一手段的局限，构成了一张从空中、地面、海上到水下的多层次、全方位、全天候、全频段、立体化的信息获取网络。电子信息技术是信息化战争和信息化武器的核心。

二、信息传输

信息传输的另一个常用技术名词叫"通信"，它是电子信息科学技术中的一个重要领域。大学本科设有通信工程专业，旨在培养从事信息传输理论与技术的学习和设备的设计与制造的专业人才。顺便说明，"通讯"和"通信"是有区别的，"通讯"一般是指传送模拟语音，是在数字通信普及以前用来泛指电话系统的；在数字技术普及之后，由于语音、图像、文字等都变成了相同的二进制数码，从而可同时在通信系统中传送，因而"通讯"一词如果不是专指语音，就应该用"通信"这一名词来泛指信息传输了。

（一）通信系统类型

划分通信系统类型的方法有很多种，例如，按信道类型来划分，可以将通信系统划分为有线通信与无线通信。固定电话、互联网、闭路电视属于有线通信，移动电话、卫星通信、广播电视属于无线通信；光纤传输属于有线通信，大气激光通信属于无线通信等。

无线通信可以在不同的频率下工作。中波广播的频率是 535～1 605 kHz，广播电视工作在 49～863 MHz，移动通信工作在 450～2 300 MHz（在与电视有重叠的频率部分，二者须错开，即已分配给电视的频段，移动通信就不能使用）；频率不同，无线通信设备的性能指标会不同，各个频段安排的用途也不同。

（二）通信系统中的理论技术

对于通信系统中的理论技术问题，人们已经研究了一个多世纪，已经建立了较为完善的通信系统理论体系。总体来说，主要包括信源编码理论、信道编码理论、调制理论、噪声理论和信号检测理论等。由于理论是在工程实践基础上的知识系统化和认知升华，随着设备实现技术的进步，上述理论也一直在发展，今后还会进一步发展。

编码是为了更好地表示信息和传送信息。信源编码可以降低数据率；信道编码可以减少差错率，即使在传输过程中出现了零星差错，信道编码也可以发现并纠正。最简单的可以发现错误的信道编码是传真机采用的"奇－偶校验码"，通过加一位 0 或者 1 使信道中传送的每个码字 1 的个数总是偶数。如果发现接收到的某个码字中 1 的个数为奇数，则立即判断出这一码字传送中出错了，需要重传。

调制理论主要是研究提高传输效率的方法，相当于在不加宽马路宽度的条件下增加车流量。马路的宽窄等效于通信系统的频带宽度，频带宽度的单位是赫兹（Hz），通信效率以每赫兹带宽可传送的数码个数来衡量。好的调制技术可以将通信效率提高数十倍，1 Hz 带宽可传送 10～20 bit。

信号检测理论是研究如何从噪声中提取信号。有人打了个比方："如果没有噪声，那么，月亮上一个蚊子叫地球上也能听到。"因为可以将信号无限放大。但通信系统中的实际情况是总是存在噪声，而且噪声总是与信号混合在一起无法分开，放大信号的同时噪声也被放大了，这时放大对突显信号毫无意义，只有当信号功率与噪声功率之比大到一定程度时，接收机才能正确发现信号。信号检测理论是研究在尽可能低的信噪比情况下能发现信号。这在某些条件下对信息传输至关重要，例如，宇宙通信，飞船在遥远的宇宙空间靠太阳能电池供电，不可能让发射信号功率太大，因而到达地球站的功率必然很微弱，使得地球站接收机输入端的信噪比必然很低，而好的信号检测技术可以降低对信噪比的要求。目前较好的信号检测可以在输入信号功率是噪声功率的约 4.1 倍时正确接收信号。如果信噪比低于这一数值，则需要采用信号处理方法来提高信噪比；而香农信息论计算出的信噪比最低极限值是 1.45，但工程实际中的设备无法达到这一极限值。

（三）通信网

当代通信一般都不是单点对单点，而是众多用户同时接入一个网络中，任何一个用户都可以与接入网络的另一个用户通信。如固定电话网、移动通信网和互联网等，同一时刻可能有几万、几十万用户在呼叫对方，武汉的用户甲如何找到北京的用户乙，固定电话网中的用户甲如何找到移动电话网中的用户乙，这涉及网络管理、路由和信息交换等技术，同时还涉及通信网的体制结构、信号结构和通信协议等。固定电话网中的语音数据速率、信号结构与移动通信网中的语音数据速率、信号结构不同，这时要实现跨网通信，除要选择路由和进行数据交换之外，还必须进行信号格式和速率的变换。

（四）互联网的拓展

现在，互联网已成为全世界信息汇聚的平台，不仅通过互联网可以了解当前世界正在发生的新闻，而且通过互联网可以打电话（网络电话、视频电话）、看电视（IPTV）、发邮件（代替传真），同时还可以在网上购物、开视频会议等。网络已经成为人们工作、学习和娱乐的场所，也正成为越来越多人们生活的一部分。不仅计算机和各种网络终端可以接入互联网，而且家用电器、交通工具和各种配有网络接入信号端口的物品都可以接入互联网，称之为"物联网"，即"物物相连的互联网"，这样就将网络的用户端延伸和扩展到了物品与物品之间。物品接入"物联网"的条件主要有：要有相应信息的接收器、要有数据传输通路、要有一定的智能与信息存储功能、要能被网络唯一识别等。物联网的发展将把社会信息化推向一个新的高度。互联网正在进入下一代统一的、多网融合的"互联网络"，在这个演进过程中，必定会产生新的技术和理论。

三、信息处理及应用

（一）信号处理与信息处理

信号通常是指代表消息的物理量，如电信号、光信号、磁信号等，它们是由消息经变换后得到的。在通信中通常采用的信号有两类，一类是模拟信号，另一类是数字信号。这些信号由多个参数决定，如信号幅值、频率、持续时间等（光信号同样具有这些参数）。信号的每个参数都可以由消息转换而来，如果消息无失真地转换成信号，无论是模拟信号还是数字信号，这时消息中的信息就转移到了信号中，因而此时的信号序列已经含有信息，成为信息的载体。除人脑可以直接对信息进行加工处理外，机器只能通过对载有信息的信号序列的处理来实现信息处理。

1. 信号处理

信号处理是针对信号中的某一参数所进行的处理，如编码、滤波、插值、去噪和变换等。在处理过程中，系统并未考虑信号参数所代表的信息含义，因此信号处理的系统模型可表示为信号参数→信号参数，即输入的是信号参数，输出的仍然是信号参数，它无法感知信号参数所代表的信息内容和信号处理后的效果。例如，手机在传送语音时，首先获取的是模拟语音波形，而后将模拟波形变换为数字信号，接着将数字信号每 20 ms 分割为一段，而后

27

分析这 20 ms 的语音波形参数,再接着是将这一组波形参数再编码为新的数字信号。在上述处理过程中,系统机械地根据信号进行操作,从一组参数变成了另一组参数,丝毫未顾及信号中的信息,即使是在分割信号流时正好将语音的一个音节切成两半,它也照切不误,因此手机对语音所进行的上述处理属于信号处理。信号处理的目的和设计要求并非服从或者服务于信息本身。

2. 信息处理

信息处理有两种模型,一种是信号→信息,另一种是信息→信息。信息处理通常通过对信号中代表信息的相应信号参数的处理来实现。信息处理与信号处理的区别主要是引入了对信号参数的理解。因此,对信号参数的处理目的是服从于信息本身,如要求图像清晰度高、品质好等。信息处理主要包括:信息参数提取、增强、信息分类与识别等。信息处理模块的设计与评价是以其输出信息的指标为依据。

数字电视属于第一类信息处理,它输入信号,输出图像。在数字电视机中对信号进行处理都是为了获得好的图像质量。语言翻译机属于第二类信息处理,系统中对语音信号进行的处理,如编码、语音参数提取、语音识别、语义分析、语音合成等,都是以语音信息的质量指标为前提。因此,信息处理的输出是信息(即语音、文字和图像),信息处理系统中对信号进行处理的目的是获得所需的信息参量指标,这与信号处理中的"信号→信号"模型不同。

(二)汉字识别

汉字识别分为印刷体汉字识别和手写体汉字识别。印刷体汉字识别已成熟,困难的是手写体汉字识别,因为各人的写字风格不同,行草程度不同。

手写体汉字识别又分为联机手写体汉字识别和脱机手写体汉字识别。所谓联机手写体汉字识别是利用与识别系统（专用计算机或者专用汉字识别器等）相连的专用输入设备（如写字板、光笔等）写入单个汉字，待机器识别该汉字后再输入下一个汉字。这一技术已较成熟，大部分手机都有该项功能，使得用手机发短信十分方便。所谓脱机手写体汉字识别是将文件、单据上的手写体汉字以照片或者扫描的方式输入识别系统，由系统完成对汉字的识别。在脱机手写体汉字识别系统中又分为特定人和非特定人。非特定人手写体汉字识别是最困难的。然而经过持续多年研究，当前该项技术也已接近实用程度，系统的正确识别率可达95%以上，采用一般个人计算机识别速度可达 2～5 个汉字/秒。

（三）语音信息处理

语音信息处理包括语音识别与语音合成两方面。语音信息处理技术研究已取得惊人进展，已有成熟的语音识别与语音合成芯片，不但在机器人中采用，而且已应用在智能玩具中，制造出了能听懂人说话和能说话的玩具，预计市场前景广阔。与此同时，语音研究的条件也越来越好，在个人电脑的最新操作系统中，有的操作系统嵌入了供研究人员通过 API 访问的语音平台，人们可以利用这一平台来研究语音信息，同时该平台还为计算机提供语音电话和语音命令等功能。

1. 语音识别

语音识别的第一步是将模拟语音波形数字化；第二步是从数字语音信号中提取语音参数，在这一步中要采用多种数字语音信号处理技术，如线性预测系数（LPC）分析、全极点数字滤波、离散傅里叶变换或反变换、求倒谱系数等，在学完了大学本科"高等数学"和"数字信号处理"两门课程后就可以理解上述名词的含义了；第三步是建立语音的声学模型和语音模型；第四步是根据语音参数搜索和匹配语音模型与声学模型；最后识别出语音。其中还有很多技术细节需要考虑，由于汉语有很多同音字，因此需要利用语义分析、"联想"等人工智能策略来理解语音、语义。但技术发展的潜力是无限的,当前语音识别所达到的水平在几年前是想象不到的,今后还将进一步发展。

2. 语音合成

如果语音识别是将语音通过数字语音处理变为文本文件,那么可以说语音合成是语音识别的逆过程,是将文本文件转换成语音,这就不难理解语音合成的原理了。采用语音合成技术可以制造出能朗读书刊、报纸的机器。

(四)图像信息处理及应用

语音信号是一维的时间函数,而图像是二维的。语音信号的处理只是对数字序列进行运算,图像信号的处理是对一个平面的数据(矩阵)进行运算,而图像信号处理的运算量比语音要大得多。图像信息处理的内容很多,包括图像去噪、增强、变换、边沿提取及图像分割、图像识别和图像理解等。图像信息处理应用十分广泛,可以说无处不在,下面仅简要介绍几个主要应用领域,如视频通信、医疗、遥感、工业交通、机器人视觉、军事公安和虚拟现实等。

1. 视频通信

常见的数字视频通信设备,如可视电话、会议电视、远程教学、卫星电视、数字电视、高清晰度电视等,都离不开图像信息处理中的多项技术:获取图像、压缩编码、调制传输、图像重建和显示等。

2. 医疗

图像处理在医学界的应用也非常广泛,无论是临床诊断还是病理研究都大量采用图像处理和图像分析技术,如 X 射线层析摄影(CT)、核磁共振(MRI)、超声成像、血管造影、细胞和染色体自动分类等;在癌细胞自动识别中，需要测定面积、形状、总光密度、胞核结构等定量特征。可以说在现代医疗诊断中，获取、分析和处理人体某些组织的图像已成为不可缺少的手段。

3. 遥感

卫星遥感和航空测量的图像需要进行图像校正来消除对卫星或飞机的姿态、运动、时间和气候条件等的影响，同时需要通过分析和处理才能从遥感图像中获取资源普查、矿藏勘探、耕地保护、国土规划、灾害调查、农作物估产、气象预报以及军事目标监视的信息。遥感是获取上述信息最快捷、最经济的手段。

4. 工业交通

在生产线上对产品及部件进行无损检测是图像处理技术的另一个重要应用领域。该领域自20世纪70年代以来已得到了迅速的发展，推进了生产过程的自动化、信息化。在交通方面，利用车辆的动态视频或静态图像进行牌照号码、牌照颜色自动识别的技术从而实现交通运输信息化，方便监视车辆违章，实现不停车收费，同时还可用于汽车自动驾驶等。

5. 军事公安

军事目标的侦查、制导和警戒系统、自动灭火器的控制及反伪装等都需要用到图像处理技术；公安部门的现场照片、指纹、虹膜、面部、手迹、印章等的处理和辨识也要借助图像处理。

生物识别技术中以指纹识别的使用最为广泛。指纹识别已不只是使用光学探测，已经进步到使用电场和静电探测手指的真实性，能有效地防止伪造、冒用、非活体的手指。自动指纹识别系统作为一种比较理想的安全认证技术，在门禁控制、信息保密、远端认证等领域已得到广泛应用。指纹识别前，须对采集得到的指纹图像进行预处理，使指纹图像画面清晰、边缘明显，以增强指纹识别的正确性。

6. 机器视觉

机器视觉作为智能机器人的重要感觉器官，主要进行三维景物理解和识别。机器视觉可用于军事侦察、危险环境的自主机器人，邮政、医院和家庭服务的智能机器人，装配线工件识别、定位，太空机器人的自动操作等。

7. 虚拟现实

虚拟现实简称 VR，它通过整合图像、声音、动画等，将三维的现实环境、物体等用二维或者三维的信号形式重构、合成和表现，给人以亲临其境之感。虚拟现实的重要应用领域是军事演习、飞行员培训等。虚拟漫游技术是虚拟现实技术的重要分支。

四、信息存储

信息存储在信息学科领域应划归计算机科学的范畴。下面介绍几种应用最广泛的信息存储器件：磁存储、光存储和半导体存储。

（一）磁存储

磁存储的主要设备是硬盘，它是计算机的外部设备。计算机将数据通过磁头转换为磁信号并刻录在硬盘的磁性介质上。记录在硬盘上的数据可以被擦除后重写。硬盘的尺寸有多种规格，最小的硬盘直径只有 1.3 英寸（1 英寸 = 2.54 cm），可以直接插在摄像机内作为数字图像的大容量存储器。

单个硬盘的容量在不断增加。计算机中的硬盘容量已可达 1 TB（1 TB = 1 024 GB），而不同尺寸的硬盘容量大小也有所不同。硬盘的数据存取速度取决于其转速，转速越快，数据存取速度越快。因此，高转速的硬盘比低转速的硬盘更好。一般硬盘的转速是 5 400 r/min 或 7 200 r/min。

（二）光存储

光存储是计算机通过激光头将数据记录在光盘上，如 CD 或 DVD。光盘有一次性写入型和可多次擦写型两种。不同类型的光盘性能差异较大，例如，蓝光 DVD 光盘可以保存数据长达 70 年，一张 DVD 光盘上可存储的数据量为 4.7 GB 到 8.5 GB。随着信息技术的发展，信息存储技术正向高密度、高数据传输速率和大容量方向发展。在大信息容量存储方面，光存储相对于磁存储和半导体存储具有显著优势，尤其在高清影视节目、大容量文档的永久保存以及海量数据存储和未来的三维影视节目播放中扮演着关键角色。通过缩短激光波长和增大光学头的数值孔径，当前的蓝光光盘容量已达到 25 GB 至 27 GB，而下一代光盘的容量可能超过 100 GB。

（三）半导体移动存储器

半导体移动存储器也称为闪存，它是可擦写存储器 EEPROM 的一种。根据不同的接口电路，闪存可以制成各种形式的产品。例如，USB 移动存储器是闪存配以 USB（通用串行总线）接口，其最大容量已达 16 GB；而 SD 卡则是配有 9 针接口电路的闪存，尺寸固定为 24 mm×32 mm×2.1 mm，与 USB 相比，SD 卡的存取速度更快，目前已有多达 32 GB 的 SD 卡产品。此外，还有记忆棒和 CF 卡等。

目前，USB 存储器使用最为广泛，其次是 SD 卡，它们已经取代了计算机的软盘，成为极其普遍的移动存储设备。记忆棒和 CF 卡通常用于其他电子设备，如数码相机等。

（四）21 世纪新一代存储器——纳米存储器、激光量子存储器

正在研发中的纳米存储器的存储单元尺寸达到纳米级，采用纳米存储技

术可以在相同几何区域内实现信息存储容量提高百万倍。举个例子，一个大型图书馆的所有资料可以轻松存储在一个不到 2 mm² 的纳米存储器中。目前，正在研究的纳米存储器有多种类型，包括分子存储器、全息存储器、纳米管 RAM、微设备存储、聚合物存储等，预计纳米存储器最终将成为下一代存储器的新兴产业。

激光量子存储技术通过阻断和控制激光来操控晶体中的原子，能够高效且精准地存储、操控和检索激光的量子特性。这项技术可以用来研制超快速的量子计算机，并且由于其原理，基于激光量子技术的通信可以实现绝对安全，使得破译和窃听成为不可能。

五、信息应用

（一）自动控制系统中的信息利用

自动化与控制科学的核心在于利用信息进行控制。控制系统需完成信息的获取、处理、传送，并按预定目标对被控制对象执行相应操作，同时收集操作后的系统反馈信息。因此，现代自动控制系统全面涵盖了信息科学的范畴。这些系统可以是电气系统，也可以是纯机械系统。然而，复杂的控制系统，如自动化制造、管理、运行等，往往与计算机和通信技术紧密结合，从而形成一个错综复杂的电子系统。

虽然自动控制系统可以采用开环形式，但其性能通常逊于闭环信息系统。闭环控制系统涉及诸多理论问题，如稳定性、响应速度和控制精度等。为解决这些问题，必须研究系统建模（特别是数学模型），并探索最优控制方法，进而构建起当代控制科学与工程的科学理论体系。

（二）信息检索

信息检索是信息利用的另一种重要形式，旨在将信息以特定方式组织和存储，以便用户根据需要查找所需信息。在信息化社会，即信息网络化社会中，各类信息汇聚于网络之中。只有网络具备高效的信息检索功能，信息才能充分发挥作用，社会资源才能得到广泛共享。信息检索不仅是技术人员和科研人员工作学习的得力工具，也是各行各业人士开展业务活动的必需品。学会在浩渺的互联网中高效查找有用信息至关重要，它能为个人和企业创造巨大财富。随着信息检索技术的不断发展，它将对推动社会各方面的进步产生日益深远的影响。

信息检索主要涉及两个方面：一是信息的组织、结构和标识方法；二是检索系统的构建。任何类型的信息检索都需通过检索系统来实现。一个完整的检索系统通常由检索文档、系统规则以及检索设备（如计算机、网络等）组成。网络信息资源指的是网络上可获取和利用的各类信息资源的总和。鉴于网络信息资源的庞大、繁杂和多样性，人们采用了多种不同的分类方式来划分这些信息资源，了解这些分类方式将有助于更高效地查找所需信息。

第三节 电子技术的发展

一、电与电子管

人们很早就认识到摩擦生电的自然现象，最早的记录可以追溯到公元前。丹麦科学家奥斯特（Oersted）发现电流的磁效应后，法国科学家安培（Ampere）进一步研究了电流与磁场的关系，并发现了磁针转动方向与电流方向的关联。随后，英国科学家法拉第（Faraday）揭示了电磁感应现象，奠定了发电机的理论基础，这堪称 19 世纪最重要的发明。发电机的诞生使得电力得以广泛应用，进而推动了 19 世纪 60 年代前后众多发明的出现，如电灯、电报、电话以及多种电动工具，也为 20 世纪初电子技术的诞生创造了条件。

电子技术的起源可以追溯到电子管的发明。爱迪生（Edison）在寻找白炽灯灯丝材料时，意外发现了受热灯丝释放热电子的现象。英国电气工程师弗莱明（Fleming）在此基础上发现，如果在灯泡内安置碳丝（称为阴极）和铜板（称为阳极或屏极），电子可以从阴极单向流动至阳极。弗莱明据此制造了世界上第一只电真空二极管（简称真空二极管）。真空二极管能够对交流电进行整流，使其转变为直流电，或者用于检波，即控制电流单向流动。然而，真空二极管的功能有限，不足以对电子技术的发展产生重大影响。真正标志着电子技术新时代开启的发明是电真空三极管（简称真空三极管）。

为了提升真空二极管的性能，德·弗雷斯特在管内插入了一个栅栏式金属网，发现这一栅网能有效控制从阴极到屏极的电子流。通过在栅极施加微弱电流，即可在屏极获得远大于栅极电流的电流，并且屏极电流的波形与栅极电流完全一致。这就是三极管的放大功能。电真空三极管的诞生，使得信息技术进入了电子时代，随后的无线电、收音机、电视机等发明均基于三极管的放大原理。在半导体三极管问世之前，真空二极管和三极管及其改进产品在电子技术领域独领风骚长达五十余年。

在真空电子管原理的基础上，还衍生出众多其他电真空器件，例如，电视机中的显像管 CRT（Cathode Ray Tube），示波器中的阴极射线示波管，以及摄像机中的真空摄像管等。如今，显像管和示波管正逐渐被液晶和等离子显示器所取代，而真空摄像管也已被 CCD 半导体器件替代。尽管如此，电真空器件在某些设备中仍占有一席之地，如家用微波炉中的磁控管以及某些大功率高频发射机中的大功率发射管等。

二、半导体器件

半导体晶体管的发明开创了电子科学技术的新时代。半导体是一种介于金属和非金属之间的材料，以锗和硅为代表。美国贝尔实验室的三位科学家巴丁（Bardeen）、布拉坦（Brattain）和肖克利（Shockley）在研究锗和硅的物理性质时，意外发现在一定性质的锗晶体结构条件下，锗晶体对信号有放大作用，随后他们制造出了世界上第一只点接触型锗晶体三极管，因此肖克利被誉为"晶体管之父"。晶体管体积小、功耗低，此后晶体管迅速取代电子管成为各类电子设备的主流器件。由于这一了不起的电子技术成就，肖克利、巴丁和布拉坦三人共同获得了诺贝尔物理学奖。要理解晶体管的工作原理和材料特性需要具备"量子物理学"的基础知识。此外，在大学本科的"电子技术基础"课程中将会对晶体管的工作原理和电路进行详细介绍。结型晶体管的生产工艺复杂，而 CMOS 场效应管则便于用平面工艺大规模生产，因此晶体管和集成电路多采用 CMOS 电路，其原理与结型晶体管有所不同。

三、集成电路

尽管晶体管的体积比电子管小得多，但其尺寸仍然不够小，一万只晶体管制成的电子设备仍然无法放在手掌心上。继电子管、晶体管之后，电子器件的第三次革命是集成电路。

集成电路的规模以一块芯片上集成的数字电路中最简单的"门电路"的数量来区分，10 万个以上的被称为超大规模（Very Large Scale Integration，VLSI）。电路之间的连线宽度已小于 1 μm，可达 0.1 μm 甚至更低，已接近物理最小极限。在这种极限尺寸条件下，一块芯片上的电路单元个数约为 10 亿。生产制造集成电路设备的精度和复杂性也就更高，因此全国范围内组织成套系统设备的攻关是我国当前面临的重要任务。

目前，VLSI 芯片技术已进入片上系统（System on Chip，SoC）时代，即将一个电子系统集成在一块集成电路芯片上。这不仅减小了设备体积，提高了设备可靠性，还大大提高了电子产品的生产效率，降低了成本，促进了微电子和信息系统整机产业的融合。集成电路已不再是简单的电路，而是涵盖了整个系统，几块集成电路相连即可构成一台完整的设备。生产集成电路的公司不仅生产集成电路，还提供整机解决方案，整机厂家所做的工作主要集中在外形设计和配套功能软件的开发上，产品的质量主要由集成电路芯片决定。这是当前电子信息产业的一项重要特征。这一特征将促进产业和学科分工的调整，同时也会促使大学的专业设置、课程设置和教学计划的调整。

四、世纪电子新器件——纳米电子器件

纳米电子学和纳米器件将是微电子器件的下一次革命，纳米电子器件的功能将远远超出人们的预期，它将给人类信息科学技术的发展带来新的变革。随着固体器件尺寸缩小到纳米（10^{-9} m＝1 nm）级，受限电子会呈现量子力学波动效应，使得器件出现用经典力学无法解释的特性，这些特性在信息电子学中具有重要的应用价值，从而为研究和制造新的电子器件，如纳米集成电路、纳米显示器等提供了可能。

纳米电子学是当今世界电子学发展的大势所趋，全世界众多科学家正在积极开展研究，并取得了显著进展。

第三章 数字电子技术基础理论

第一节 数字电子技术概述

一、模拟信号与数字信号

通常来说，电子电路中的信号可分为模拟信号和数字信号，因此电子系统也相应地分为数字系统和模拟系统两大类。模拟信号是在时间和数值上均连续的信号，能以某种方式重复或变化。自然界中大多数可测量的对象都以模拟信号的形式呈现，例如，电压、电流、速度、压力和温度等。模拟信号的共同特征是随时间连续变化，如气温在一个连续范围内变动，在给定的一天内，气温不会突然从 20℃上升到 30℃，而是经历无数个中间温度值。

数字信号则在时间和幅值上均不连续，电子电路中的数字信号表现为时有时无。有信号时，其幅值为某一特定值；无信号时，其幅值很小或接近 0。数字信号的变化发生在一系列离散的瞬间，其数值不连续，例如，电子表的秒信号或生产流水线上记录零件个数的计数信号等。数字信号的表示基于 0 和 1，可通过一系列 0 和 1 进行编码。

二、数字电路

对模拟信号进行传输和处理的电子线路称为模拟电路，而对数字信号进行传输和处理的电子线路则称为数字电路。数字电路在电子计算机、电子测量、仪表、通信、自动控制等领域有广泛应用，并具备与模拟电路不同的特点。

（一）数字电路的特点包括：

（1）工作信号为二进制的数字信号，反映为低电平和高电平两种状态（即0和1）。

（2）主要研究电路的逻辑功能，即输入与输出信号状态之间的关系。

（3）对组成元器件的精度要求不高，只要在工作时能可靠区分 0 和 1 两种状态。

（4）半导体器件工作于开关状态，即截止区和饱和区。

（5）主要分析工具为逻辑代数。

（二）数字电路的分类如下：

（1）按集成度分为小规模（SSI）、中规模（MSI）、大规模（LSI）和超大规模（VLSI）。

（2）按器件制作工艺分为双极型（TTL）和单极型（MOS）。

（3）按电路结构和工作原理分为组合逻辑电路和时序逻辑电路。

三、数字电子技术的界定与优势

数字电子技术是电子技术的分支，相较模拟电子技术，其稳定性和抗干扰能力更强。在信息传递中，模拟信号常需转换为数字信号以优化传播。

（一）数字电子技术的界定涉及集成器件功能、逻辑与时序电路设计及芯片功能研究。随着经济发展和生活水平提升，该技术得到更广泛应用。

（二）数字电子技术的优势包括：信号波形简单、高效处理、强抗干扰能力和高精确度。这些特点使得数字电路具备高稳定性、可靠性、可编程性、易设计性和经济性，从而在现代电子工程中逐渐取代模拟信息，如视听图像的存储方式转变和交通灯控制器的微处理器控制等。

第二节 数制与数制间的转换

一、常用进位计数制

仅用一位数码来表示数时，往往不够用，必须用进位计数的方法组成多位数码。多位数码每一位的构成以及从低位到高位的进位规则称为进位计数制，简称数制。例如，生活中常用的十进制，计算机中常用的二进制、八进制、十六进制等。

数制的基数是指该进数制中可能用到的数码个数，如十进制的基数是10。在某一数制的数中，每一位的大小对应于该位上的数码乘上一个固定的数，这个固定的数就是这一位的权数，权数是一个幂。

（一）十进制

十进制是人们最熟悉、应用最广泛的一种进位计数制。它以 10 为基数，采用 10 个不同的基本数码：0、1、2、3、4、5、6、7、8、9 来表示数，因此基数是 10。其运算规律是逢十进一，即 $9+1=10$。

一般地，一个有 n 位整数、m 位小数的任意十进制数。由于很难找到一个电路或电子器件，其有 10 个能被严格区分开的状态来表示十进制数的 10 个基本数码。所以数字电路系统和计算机中一般直接采用二进制，而不直接采用十进制。

（二）二进制

二进制具有和十进制完全相同的性质。数码为 0 和 1；基数是 2；运算规律是逢二进一，即 $1+1=10$。

与十进制相比，二进制具有以下优点：

1. 用二进制设计的数字电路简单可靠，便于实现。二进制数只有 0 和 1 两个数码，它的每一位都可以用电子元件来实现，且运算规则简单，数码的传输与存储都非常简单，相应的运算电路也容易实现。

加法规则：$0+0=0$，$0+1=1$，$1+0=1$，$1+1=10$

乘法规则：$0\cdot0=0$，$0\cdot1=0$，$1\cdot0=0$，$1\cdot1=1$

2. 二进制的基本运算非常简单。尽管十进制数可以表示二进制数，但十进制数与二进制数之间的转换较为复杂，一般不被人们采用。因此，在数字电路中引入十六进制数来表示二进制数。

（三）十六进制

十六进制有 16 个基本数码，这些数码为 0~9、A~F；基数是 16；运算规律是逢十六进一，即 $1+F=10$。

其中 16 为基数；系数 k，可取 0~9、A~F 中的任意一个数字。如十六进制数 D8.A 可表示为

$$(D8.A)16 = 13\times16^1 + 8\times16^0 + 10\times16^{-1} = (216.625)10。$$

括号后的下标 16 表示该数是十六进制数。数（D8.A）16 个位的权数分别为 16^1、16^0、16^{-1}。

十六进制与二进制数之间有简单对应关系，通常采用十六进制数作为二进制数的形式。

（四）八进制

八进制有 8 个基本数码，即 0~7；基数是 8；运算规律是逢八进一，即 $7+1=10$。

一般地，一个有 n 位整数、m 位小数的任意八进制数。其中 8 为基数，系数 k，可取 0~7 中的任意一个数字。如八进制数 207.04 可表示为

（207.04）8＝$2 \times 8^2 + 0 \times 8^1 + 7 \times 8^0 + 0 \times 8^{-1} + 4 \times 8^{-2}$＝（135.062 5）10。

括号后的下标 8 表示该数是八进制数，数中各位的权数分别为 8^2、8^1、8^0、8^{-1}、8^{-2}。

八进制数与二进制数之间也有简单对应关系，也常采用八进制数作为二进制数形式。

二、常用进制数的转换

在不同场合，往往采用不同的计数制，这就常常需要对各种进制数进行转换。又因为不同计数制下的数实质上是同一个对象的不同表示形式，所以它们之间可以互相转换。下面介绍各种进制数之间的相互转换问题。

（一）十进制数与二进制数之间的转换

1. 十进制数转换成二进制数时，将整数部分和小数部分分别用不同方法转换。整数部分采用"除 2 取余法"，先得到的余数为低位，后得到的余数为高位；小数部分采用"乘 2 取整法"，先得到的整数为高位，后得到的整数为低位；转换后再合并。

2. 二进制数转换成十进制数时，将二进制数展开，然后将各项数值按十进制数相加便可得到等值的十进制数。

（二）二进制数与十六进制数之间的转换

由于十六进制数的基数恰好是 $16 = 2^4$，所以四位二进制数恰好对应一位十六进制数，它们之间的转换很方便。

二进制数转换成十六进制数的方法如下：

对于二进制的整数部分（以小数点为起点），由低位向高位，每 4 位为一组，若高位不足 4 位，则在高位添 0 补足 4 位，按照每 4 位二进制数对应于 1 位十六进制数进行转换；对于二进制小数部分（小数点之后），由高位向低位，每 4 位为一组，若低位不足 4 位，则在低位添 0 补足 4 位，按照每 4 位二进制数对应于 1 位十六进制数进行转换。

（三）二进制数与八进制数之间的相互转换

由于八进制数的基数是 $8 = 2^3$，3 位二进制数对应 1 位八进制数。因此，二进制数与八进制数之间的转换和二进制数与十六进制数之间的转换方法完全一样。只需 3 位二进制数与 1 位八进制数对应转换。

二进制数转换为八进制数：将二进制数由小数点开始，整数部分向左，小数部分向右，每 3 位分成一组，不够 3 位补零，则每组二进制数便是一位八进制数。

综上所述，二进制数与十进制数、二进制数与十六进制数、二进制数与八进制数之间的转换都非常容易。

同理，也可以实现十进制数与八进制数或十六进制数之间的转换。十六进制数或八进制数转换为十进制数时……

第三节　逻辑代数基础

一、逻辑代数的基市概念

（一）逻辑变量

逻辑是指事物的因果关系，或者说条件和结果的关系。这些因果关系可以用逻辑运算来表示，即用逻辑代数来描述。逻辑电路是指电路的输入量与输出量之间具有因果关系的电路，逻辑代数为分析和设计逻辑电路提供理论基础。逻辑代数中的变量称为逻辑变量，一般用大写的英文字母 A、B、C…

来表示。逻辑变量的取值很简单，通常只有两种：真和假（或对与错、开与关、导通与截止等），常用逻辑 0 和逻辑 1 来表示。0 和 1 并不表示数量的大小，只代表两种对立的逻辑状态。

（二）逻辑函数

可以自由取值的逻辑变量称为逻辑自变量，简称逻辑变量；不能自由取值的逻辑变量称为逻辑因变量，简称逻辑函数。逻辑函数与普通代数中的函数相似，它是随自变量的变化而变化的因变量。因此，如果用自变量和因变量分别表示一个事件发生的条件和结果，那么该事件的因果关系就可以用逻辑函数来描述。

逻辑代数是研究逻辑变量关系与运算规律的科学。数字电路的输入量和输出量一般用高低电平来表示，而高低电平一般采用"1"和"0"来表示。数字电路的输出量与输入量是一种可以用逻辑函数来描述的因果关系，因而数字电路又称为逻辑电路。对于任何一个逻辑电路，其输入逻辑变量 A、B、C…的取值确定后，其输出逻辑变量 Y 的值也就可确定下来。因此，逻辑变量 Y 是逻辑变量 A、B、C…的逻辑函数，记为：

$$Y = f(A, B, C\cdots)$$

由此可见，逻辑函数是逻辑电路关系的数学表示，研究逻辑电路问题可以转化为研究逻辑函数问题。

二、逻辑运算

描述数字系统仅用逻辑变量的取值反映系统中元器件的两种状态是不够的，还需描述各元件间的联系，这种相互联系的关系反映到数学上就是运算关系。尽管数字系统逻辑电路种类繁多、功能各异，但其逻辑关系都是由"与""或""非"运算组合而成。这三种基本运算反映了逻辑电路中三种最基本的逻辑关系，其他逻辑运算都是由这三种基本运算实现的。

（一）与运算

在逻辑问题中，若决定某一事件发生的多个条件必须同时具备，事件才能发生，该因果关系称之为逻辑。逻辑代数中，与逻辑关系用运算来描述。与运算也称为逻辑乘，运算符号为"·"。

（二）或运算

逻辑问题中，若决定某一事件发生的多个条件中，只要有一个或一个以上条件成立，事件便可发生，该因果关系称为逻辑。逻辑代数中，或逻辑关系用或运算来描述。或运算也称为逻辑加，运算符号为"＋"。

（三）非运算

逻辑问题中，若某一事件的发生取决于条件的否定，即事件与事件发生的条件间构成矛盾，则该因果关系称为非逻辑。逻辑代数中，非逻辑关系用非运算来描述。非运算也称为反运算或逻辑否定，运算符号为"－"。

（四）组合运算

在数字系统的实际问题中可以发现，事物之间的逻辑关系往往比单一的与、或、非逻辑关系复杂得多。它们可以用与、或、非逻辑关系的组合来实现。含有两种或两种以上逻辑运算的逻辑函数称为复合逻辑函数。采用三种基本逻辑关系进行组合，可以得到一些其他逻辑运算。

如与逻辑和非逻辑结合可以得到与非逻辑 $y = A \cdot B$；或逻辑和非逻辑结合可以得到或非逻辑 $y = A + B$；与逻辑、或逻辑和非逻辑组合在一起可以得到与或非逻辑 $y = A \cdot B + B \cdot C$。

三、逻辑代数运算的基市规则

逻辑代数是讨论逻辑关系的一门科学，通常称为布尔代数。早期用于分析开关网络，所以又称为开关代数。随着数字技术的发展，逻辑代数成为逻辑设计的数学基础，在数字电路的分析和设计中得到广泛的应用。理解和掌握这些公式、定律和规则，对于学习数字电子技术十分重要。

（一）代入规则

任何一个含有变量 A 的等式，如果将所有出现 A 的位置都用同一个逻辑函数代替，等式仍然成立，则该规则称为代入规则。

（二）反演规则

对于任何一个逻辑表达式 Y，如果将表达式中的所有"·"换成"＋"，"＋"换成"·"，"0"换成"1"，"1"换成"0"，原变量换成反变量，反变量换成原变量，那么所得到的表达式就是函数 Y 的反函数 $\overline{Y}$（或称补函数），则该规则称为反演规则。

（三）对偶规则

对于任何一个逻辑表达式 Y，如果将表达式中的所有"·"换成"＋"，"＋"换成"·"，"0"换成"1"，"1"换成"0"，而变量保持不变，则可得到的一个新的函数表达式 Y'，Y' 称为函 Y 的对偶函数。这则称为对偶规则。

对偶规则的意义在于：如果两个函数相等，则它们的对偶函数也相等。利用对偶规则，可以使要证明及要记忆的公式数目减少一半。

第四节　逻辑函数的化简

一、逻辑表达式的类型

一个逻辑函数可以有多种不同的逻辑表达式,每一种逻辑表达式对应着一种逻辑电路。例如,与表达式、或与表达式、与非与非表达式、或非或非表达式以及与或非表达式等。

最简的与或表达式应具备以下条件:

(1)乘积项(即相与项)的数目最少。

(2)在满足乘积项最少的条件下,每个乘积项中变量的个数也最少。

用简化后的表达式构成逻辑电路不仅可节省器件,还可以降低成本,提高电路工作的可靠性。

二、逻辑函数的公式化简法

公式化简法的实质是反复运用逻辑代数的基本公式、定理和规则来消去多余的乘积项和每个乘积项中多余的变量,以获得逻辑函数的最简形式。公式化简法没有特定的步骤,化简过程依据化简者的熟练程度而有所不同。公式化简法中经常采用的几种方法如下。

(一)并项法

并项法主要利用公式 $AB+A\bar{B}=A$、$A+A=1$ 实现化简的方法。该公式可以把两个与项合并成为一个与项,并消去一个变量。

(二)吸收法

利用公式 $A+AB=A$ 可将 AB 项吸收掉。如果乘积项是另一乘积项的变量，则另一乘积项是多余的。

（三）配项法

配项法利用公式 $A+\overline{A}=1$ 先使逻辑函数增加必要的乘积项，或者利用公式 $A+A=A$ 在函数中增加已有的项，再用并项法、吸收法等简化逻辑函数的方法。

（四）消去法

消去法根据公式 $A+\overline{A}B=A+B$，消去多余的变量，或利用冗余律 $AB+\overline{A}C+BC=AB+\overline{A}C$，将冗余项消去。

三、卡诺图化简法

公式化简法没有统一规范的方法，对于复杂的逻辑函数化简到最简形式也不太方便。化简过程往往依据个人的经验以及对公式运用的灵活性而不同。采用卡诺图化简逻辑函数可以帮助读者直观地写出最简逻辑表达式。

（一）逻辑函数的最小项

1. 最小项的概念及其性质

在 n 个变量的逻辑函数中，若 m 为包含 n 个因子的乘积项，而且每个因子均以原变量或反变量的形式在 m 中出现一次，则称乘积项 m 为该组变量的一个最小项。n 个变量共有 2^n 个不同的组合值，因此有 2^n 个最小项。

3 个变量 A、B、C 可组成 8 个（即 2^3 个）最小项：分别表示为 $\overline{A}\,\overline{B}\,\overline{C}$、$\overline{A}\,\overline{B}C$、$\overline{A}B\overline{C}$、$\overline{A}BC$、$A\overline{B}\,\overline{C}$、$A\overline{B}C$、$AB\overline{C}$、$ABC$。

最小项的表示方法：通常用符号 m 来表示最小项。下标 i 的确定方法：将最小项中的原变量记为 1，反变量记为 0，当变量顺序确定后，可以按顺序排列成一个二进制数，则与这个二进制数相对应的十进制数，就是这个最小项的下标 i。

2. 最小项表达式

设 Y 是 n 个变量组成的"与或"逻辑式，若式中每一个"与"项都是这 n 个变量的一个最小项，则称 Y 为最小项表达式。

3. 最小项表达式的求法

任何一个逻辑函数都可以表示成唯一的一组最小项之和。

（二）卡诺图的画法

卡诺图是由表示变量的所有可能取值组合的小方格所构成的图形，其实质与真值表相同，都是表示逻辑关系的图形，但画卡诺图时有一定规则。

画逻辑函数卡诺图时应注意：

（1）卡诺图由画在平面上的一些方格组成。

（2）每个方块对应一个最小项，因此方块个数由逻辑变量数决定。

（3）逻辑上相邻的最小项在卡诺图中几何上也相邻。

（三）用卡诺图表示逻辑函数

由于任意一个逻辑函数都可以表示为若干最小项之和的形式，故可以用卡诺图表示逻辑函数。填写卡诺图的原则是：将逻辑函数所包含的全部最小项在卡诺图对应的方格中填入 1，将其余位置填入 0 或不填。因此，将逻辑函数用卡诺图表示时，得到逻辑函数的最小项是非常关键的一步。

第五节　逻辑函数表达形式之间的转换

一、逻辑函数的几种表示形式

逻辑分析时，逻辑表达式、真值表、卡诺图、逻辑图和波形图这五种逻辑函数的表达形式，只要知道其中一种表示形式，就可以得到其他几种表示形式。

（一）真值表

真值表是由逻辑变量的所有可能取值组合及其对应的函数值所构成的逻辑关系表格，是一种用表格表示逻辑函数的方法。

真值表的列写方法是：每个变量都有 0 和 1 两种取值，n 个变量共有 2^n 种不同的取值组合。将这 2^n 种不同的取值组合按顺序排列起来，同时在相应位置上填入函数值，便可得到逻辑函数的真值表。

用真值表表示逻辑函数直观明了，非常适合于直接将实际逻辑问题抽象成为数学问题，但不足之处是难以用公式和定理进行运算和变换，变量较多时，列函数真值表较繁琐。因为每个变量都有 0 和 1 两种取值，n 个变量就有 2^n 种不同的取值，其真值表就由 2^n 行组成。随着变量数目增多，真值表的行数将急剧增加。因此，当变量数目不太多时，用真值表表示逻辑函数才比较方便。

（二）逻辑表达式

逻辑表达式是由逻辑变量通过与、或、非三种运算符连接起来所构成的式子，是一种用公式表示逻辑关系的方法。

用逻辑表达式表示逻辑函数的优点在于书写简洁方便，便于利用逻辑代数的公式和定理进行运算和变换，也便于用逻辑图来实现函数关系。

（三）卡诺图

卡诺图是由表示变量的所有可能取值组合的小方格所构成的图形。卡诺图是真值表中各项的二维排列方式，是真值表的一种变形。在卡诺图中，真值表的每一行用一个小方格来表示。卡诺图的优点是排列方式比真值表紧凑，且便于对函数进行化简。对于 5 变量以上的卡诺图，因变量增多，卡诺图变得相当复杂，这时用卡诺图来对函数进行简化也变得相当困难。因此，变量较多时较少应用。

（四）逻辑图

逻辑图是由表示逻辑运算的逻辑符号连接所构成的图形。在数字电路中，用逻辑符号表示基本逻辑单元电路以及由这些基本单元电路组成的部件。因此，用逻辑图表示逻辑函数是一种比较接近工程实际的表示方法。逻辑图表示逻辑关系的优点是接近实际电路，但不能进行运算和变换，所表示的逻辑关系不直观。

（五）时序图

时序图也称为波形图，是由输入变量所有可能取值组合的高、低电平及其对应的输出函数值的高、低电平所构成的图形。波形图可以将输出函数的变化和输入变量的变化之间在时间上的对应关系直观地表示出来。此外，可以利用示波器对电路的输入、输出波形进行测试、观察，以判断电路的输入、输出是否满足给定的逻辑关系。

时序图的优点是形象直观地表示了变量取值与函数值在时间上的对应关系，实际中便于测量；但是难以进行运算和变换，当变量个数增多时，画图较麻烦。

二、逻辑函数表达形式间的转换

由上面的讨论可知，任何逻辑函数都可以用逻辑函数式、真值表、逻辑符号图、卡诺图、时序图之一来表示。对于同一个逻辑函数，它的几种表示方法可以互相转换，已知一种可以转换出其他几种。

（一）用逻辑图求逻辑函数式和真值表

如果给出逻辑图，可以非常方便地得到对应的逻辑函数式和真值表。只要将逻辑图中每个逻辑符号所表示的逻辑运算依次写出来即可，根据逻辑函数式来列真值表。

（二）用逻辑函数式求真值表和逻辑图

把输入变量取值的所有组合逐一代入函数式中，算出逻辑函数值，然后将输入变量取值与逻辑函数值对应地列入表中就得到逻辑函数的真值表。

用函数式画逻辑图的方法是根据逻辑函数式，按先与后或的运算顺序，用逻辑符号表示，然后正确连接起来就可以画出逻辑图。

第四章　信号与信息处理技术

第一节　信息处理技术

一、信息技术发展史

信息处理技术是指利用计算机技术处理信息。计算机具有极高的运行速度，能够自动处理大量信息，并具备高精确度。

有信息就有信息处理。人类很早就开始记录、存储和传输信息，原始社会的"结绳记事"就是以麻绳和筹码作为信息载体，用于记录和存储信息。文字的创造、造纸术和印刷术的发明是信息处理的第一次巨大飞跃，计算机的出现和普及则是信息处理的第二次巨大飞跃。长期以来，人们一直在追求改善和提高信息处理技术，这一发展大致可划分为三个时期。

（一）手工处理时期

手工处理时期是通过人工方式收集信息，使用书写记录存储信息，依靠经验和简单手工运算处理信息，并通过携带存储介质传递信息。信息人员从事大量繁琐的重复性工作。信息无法及时有效地传递给使用者，许多重要信息来不及处理，甚至贻误战机。

（二）机械信息处理时期

随着科学技术的发展，人们对改善信息处理手段的需求推动了机械式和电动式处理工具的出现，如算盘、出纳机、手摇计算机等，这些工具在一定程度上减轻了计算者的负担。后来，出现了更复杂的电动机械装置，能够将数据在卡片上穿孔并进行成批处理和自动打印结果。同时，电报、电话的广泛应用极大改善了信息传输手段。机械式处理虽然提高了效率，但并未带来本质性的进步。

（三）计算机处理时期

随着计算机系统在处理能力、存储能力、打印能力和通信能力等方面的提升，特别是计算机软件技术的发展，计算机使用变得更加方便。微电子技术的突破使微型计算机日益商品化，为计算机在管理上的应用创造了极好的物质条件。这一时期经历了单项处理、综合处理两个阶段，现已发展到系统处理阶段。不仅各种事务处理实现了自动化，大量人员从繁琐的事务性劳动中解放出来，提高了效率，节省了行政费用，而且还由于计算机的高速运算能力，极大地提高了信息的价值，能够及时为管理活动中的预测和决策提供可靠依据。

二、革命性变革

第一次信息处理技术的革命是语言的出现和使用。在史前阶段，人类通过手势、眼神、动作或信号（如点燃烽火、敲击硬物等）传递信息，并利用感觉器官接收自然信息。自从人类认识到火的作用这一系统信息后，从茹毛饮血到利用火进行熟食、取暖、制陶、冶炼，人类从单纯适应客观世界转变为利用信息改造世界，从而扩大了活动和交际的范围。在生产活动和社会活动中，人们需要不断交流信息，于是产生了语言。语言成为人类信息交流的第一载体，是人类区别于其他生物的重要特征，并始终对社会发展和文化演进有重要影响。

第二次信息处理技术的革命是文字的发明和使用。大约在公元前 3 500 年出现了文字。文字的发明为人类信息资源的开发和利用竖起了一个重要的里程碑，成为人类信息交流的第二载体。文字的出现使人类信息的储存与传播方式取得了重大突破，极大地突破了时间和地域对人类的限制，在人类知识积累和文明发展过程中发挥着重要作用。

第三次信息处理技术的革命是印刷术的发明。北宋时期，毕昇发明了活字印刷技术；15 世纪中期，德国人 J. 谷登堡发明了现代印刷技术。印刷技术的使用有利于对文字信息和知识进行大量生产和复制，促进了知识的广泛传播，充分发挥了知识的作用。

第四次信息处理技术的革命是电报、电话、广播和电视的使用。电报、电话、广播、电视等科学技术的发展，使人类进入利用电磁波传播信息的时代，电磁波成为人类信息交流的第三载体。

第五次信息处理技术的革命是信息技术的核心——现代计算机技术和通信技术的融合。计算机的发明和现代通信技术的使用把人类开发利用信息资源的技术发展和推进到了计算机通信的新阶段，对人类社会产生了深刻而久远的影响。

三、信息处理技术的地位和作用

（一）信息处理技术是信息作战的重要支柱

信息处理技术的主体——计算机技术和电子计算机，是信息作战指挥员和指挥控制机构的"外脑"，是信息作战系统的核心。信息处理技术的应用程度已成为信息作战运用高新技术程度的重要标志。

（二）信息处理技术是实现信息作战武器信息化的关键要素

信息处理技术的发展大大推进了武器装备的信息化进程，使传统武器装备向精确化、智能化、远程化、隐身化、无人化方向发展。

（三）信息处理技术是开辟新的信息作战战场的物质基础

信息处理技术的发展使计算机网络空前扩展，开辟了新的信息作战战场——计算机网络空间战场，使计算机网络战日趋激烈。

（四）信息处理技术是信息作战指挥控制和训练方式变革的主要支撑

信息处理技术推动了信息作战指挥控制方式和训练方式的变革，通过模拟仿真技术和虚拟现实技术，改变了传统的指挥控制和训练方式。

第二节　数字信号及其处理

数字信号处理技术是利用计算机或专用处理设备，以数字形式对信号进行采集、变换、滤波、估值、压缩、识别等处理，以得到符合人们需要的信号形式。数字信号处理技术以众多学科为理论基础，涉及的范围极其广泛。近年来新兴的一些学科，如人工智能、模式识别、神经网络等，都与数字信号处理技术密不可分。可以说，数字信号处理技术是以许多经典的理论体系作为自己的理论基础，同时又使自己成为一系列新兴学科的理论基础。数字信号处理技术围绕着数字信号处理的理论、实现和应用等几个方面发展起来。数字信号处理技术在理论上的发展推动了数字信号处理应用的发展，反过来，数字信号处理技术的应用又促进了数字信号处理理论的提高。而数字信号处理的实现则是理论和应用之间的桥梁。

一、数字信号处理器件（DSP）

（一）数字信号处理器件（DSP）简介

DSP（数字信号处理微处理器）是一种特别适合于进行数字信号处理运算的微处理器件，其工作原理是对数字信号进行各种数学处理的算法操作，最终得到我们想要的信号。它不仅具有可编程性，而且其实时运行速度可达每秒几百万、上千万次乘加运算（MAC），远远超过通用微处理器（例如单片机）。其主要应用是实时快速地实现各种数字信号处理算法。它强大的数据处理能力和高效的运行速度是最值得称道的两大特色。从广义上讲，DSP、微处理器和微控制器（单片机）等都属于处理器，可以说 DSP 是一种 CPU。DSP 和一般的 CPU 又不同，最大的区别在于 CPU 是冯·诺伊曼结构的，而 DSP 是数据和地址空间分开的哈佛结构。

（二）DSP 芯片的发展

世界上第一个单片 DSP 芯片是 1978 年 AMI 公司发布的 S2811，1979 年 Intel 公司发布的商用可编程器件 2920 是 DSP 芯片的一个主要里程碑。这两种芯片内部都没有现代 DSP 芯片所必须有的单周期乘法器。1980 年，NEC 公司推出的 D7720 是第一个具有乘法器的商用 DSP 芯片。在这之后，最成功的 DSP 芯片是德州仪器公司的一系列产品。如今，TI 公司的一系列 DSP 产品已经成为当今世界上最有影响的 DSP 芯片。TI 公司也成为世界上最大的 DSP 芯片供应商，其 DSP 市场份额占全世界份额近 50%。目前，世界 DSP 处理器市场仍被 TI、AGERE、ADI 等占领。国内发展 DSP 的厂商并不多，而且主要的应用产品是 DVD 与无线电话等，因此国内 DSP 的产值并不高。而在产品应用上，目前重要的 DSP 应用产品如移动电话、调制解调器、HDD 等个人计算机与通信领域应用产品都是采用国际大厂的 DSP 解决方案。

自从 DSP 芯片诞生以来，DSP 芯片得到了飞速的发展。DSP 芯片高速发展一方面得益于集成电路的发展，另一方面也得益于巨大的市场。DSP 技术应用于我们生活的每一个角落。DSP 技术在航空航天方面主要用于雷达和声呐信号处理；在通信方面主要用于移动电话、IP 电话、ADSL 和 HFC 的信号传输；在控制方面主要用于电机控制、光驱和硬盘驱动器；在测试测量方面主要用于虚拟仪器、自动测试系统、医疗诊断等；在电子娱乐方面主要用于高清晰度电视（HDTV）、机顶盒、家庭影院、DVD 等应用；还有数字相机、网络相机等等都应用了 DSP 技术。同时，SOC 芯片系统、无线应用、嵌入式 DSP 都是未来 DSP 的发展方向和趋势。现在，DSP 应用领域不断拓宽，其涵盖面包括宽带 Internet 接入业务、下一代无线通信系统的发展、数字消费电子市场、汽车电子市场的发展等诸多方面。我国 DSP 市场增长迅速，在 DSP 应用方面我国一直保持着与国际上 DSP 技术同步的态势，从 DSP 芯片面世开始我国就有单位应用、销售 DSP 芯片。我国社会数字化、信息化的进展和中国经济的持续稳定增长，刺激了电子信息产业和市场的快速发展，从而推动了 DSP 的广泛应用。

（三）DSP 芯片的基本结构

DSP 芯片的基本结构包括哈佛结构、流水线操作、专用的硬件乘法器、特殊的 DSP 指令、快速的指令周期。哈佛结构的主要特点是将程序和数据存储在不同的存储空间中，即程序存储器和数据存储器。它们是两个相互独立的存储器，每个存储器独立编址，独立访问。与两个存储器相对应的是系统中设置了程序总线和数据总线，从而使数据的吞吐率提高了一倍。由于程序和存储器在两个分开的空间中，因此取值和执行能完全重叠。流水线与哈佛结构相关，DSP 芯片广泛采用流水线以减少指令执行的时间，从而增强了处理器的处理能力。处理器可以并行处理二到四条处于流水线不同阶段的指令。

（四）DSP 芯片的优点

DSP 的运算速度比其他处理器要高得多。高性能 DSP 不仅处理速度是 MPU（微处理器）的 4~10 倍，而且可以连续不断地完成数据的实时输入输出。DSP 结构相对单一，普遍采用汇编语言编程，其任务完成时间的可预测性相对于结构和指令复杂（超标量指令）、严重依赖于编译系统的 MPU 强得多。以一个 FIR 滤波器实现为例，每输入一个数据对应每阶滤波器系数需要一次乘、一次加、一次取指、二次取数，还需要专门的数据移动操作，DSP 可以单周期完成乘加并行操作以及 3~4 次数据存取操作，而普通 MPU 完成同样的操作至少需要 4 个指令周期。因此在相同的指令周期和片内指令缓存条件下，DSP 的运算速度可以超过 MPU 运算速度的 4 倍。正是基于 DSP 的这些优势，在新推出的高性能通用微处理器片内已经融入了 DSP 的功能，而以这种通用微处理器构成的计算机在网络通信、语音图像处理、实时数据分析等方面的效率大大提高。

二、DSP 芯片的应用

随着当前电路功能越来越复杂，对主要处理器件性能的高速化、集成化以及器件设计开发的灵活性都提出了很高的要求。现在越来越多的工程师都开始选用集成度高的大规模可编程处理器件来实现自己的目标。其中，DSP 是经常会用到的器件，它们往往在电路中起到核心的作用。

（一）DSP 芯片的选择方法

一般而言，定点 DSP 芯片的价格较便宜、功耗较低但运算精度稍低。

而浮点 DSP 芯片的优点是运算精度高且 C 语言编程调试方便，但价格稍贵、功耗也较大。例如 TI 的 TMS320C2XX/C54X 系列属于定点 DSP 芯片，低功耗和低成本是其主要的特点。而 TMS320C3X/C4X/C67X 属于浮点 DSP 芯片，运算精度高、用 C 语言编程方便、开发周期短，但同时其价格和功耗也相对较高。DSP 应用系统的运算量是确定选用处理能力为多大的 DSP 芯片的基础。运算量小则可以选用处理能力不是很强的 DSP 芯片，从而可以降低系统成本。相反，运算量大的 DSP 系统则必须选用处理能力强的 DSP 芯片，如果 DSP 芯片的处理能力达不到系统要求则必须用多个 DSP 芯片并行处理。那么如何确定 DSP 系统的运算量以选择 DSP 芯片呢？一般考虑两种情况。

1. 按样点处理

所谓按样点处理就是 DSP 算法对每一个输入样点循环一次。数字滤波就是这种情况。在数字滤波器中，通常需要对每一个输入样点计算一次。例如，一个采用 LMS 算法的 256 抽头的自适应 FIR 滤波器，假定每个抽头的计算需要 3 个 MAC 周期，则 256 抽头计算需要 $256 \times 3 = 768$ 个 MAC 周期。如果采样频率为 8 kHz，即样点之间的间隔为 125 ms，DSP 芯片的 MAC 周期为 200 ns，则 768 个 MAC 周期需要 153.6 ms 的时间，显然无法实时处理，需要选用速度更快的 DSP 芯片。

2. 按帧处理

有些数字信号处理算法不是每个输入样点循环一次，而是每隔一定的时间间隔（通常称为帧）循环一次。例如，中低速语音编码算法通常以 10 ms 或 20 ms 为一帧，每隔 10 ms 或 20 ms 语音编码算法循环一次。所以，选择 DSP 芯片时应该比较一帧内 DSP 芯片的处理能力和 DSP 算法的运算量。假设 DSP 芯片的指令周期为 p（ns）；一帧的时间为 D（ns），则该 DSP 芯片在一帧内所能提供的最大运算量为 Dt/p 条指令。例如，TMS320LC549 – 80

的指令周期为 12.5 ns，设帧长为 20 ms，则一帧内 TMS320LC549 – 80 所能提供的最大运算量为 160 万条指令。因此只要语音编码算法的运算量不超过 160 万条指令，就可以在 TMS320LC549 – 80 上实时运行。

3. 开发工具及如何获取帮助

DSP 的开发工具包括各种仿真软件、调试软件、硬件仿真器、评估板、初学者实验套件、教学套件等。国外有一些 DSP 的咨询公司及网站，他们起到 DSP 用户和 DSP 芯片供应商、DSP 第三方之间的桥梁作用，也会为客户提供设计、软件和硬件及资料，有些还办培训班。国内也有不少 DSP 论坛，以便用户之间进行 DSP 技术的交流。

（二）在广播电视技术中的应用

利用 DSP 多种总线接口以及强大的运算能力，配合 FPGA 高速的逻辑处理能力，在广播电视技术的音频处理上得到很好的应用。发射机前端的数字音频处理器就需要 DSP 来完成自动增益控制（AGC）、多波段能量控制、各种数字滤波器的设计和频谱分析等。通过这些处理算法达到音频信号峰值电平对称、有效电平平稳，可以提升节目信号的指标，避免终端设备产生过调，从而保证了设备的安全，还可以明显提高播音的效果。

在发射机调制控制系统中，可以利用 DSP 做信号处理和各种预补偿算法，用 FPGA 可做调制控制和反馈补偿等。这里运用 DSP 强大的运算能力完成数字信号处理和预补偿算法，通过它的通用异步接收/发送（UART）接口可以方便快捷地和计算机串口相连，改变补偿参数调整发射机信噪比、失真和频率响应三大指标。选用 FPGA 做调制控制和反馈补偿主要是因为其高速的逻辑处理能力和时序控制能力。利用 FPGA 的时序控制在短波发射机脉阶调制（PSM）控制系统中，FPGA 将 DSP 处理过的信号抽样 128 倍加入脉宽调制补偿后控制功率模块将输出动态范围提高到 12 比特以上。利用 FPGA 的高速逻辑使得反馈补偿更加及时有效。

目前数字处理技术可以说是日新月异，尤其以 DSP 芯片为代表的应用更为广泛。随着数字化、网络化、自动化、信息化的进一步推进，DSP 芯片将会应用得更多。在具体的应用中合理利用 DSP 和其他数字处理技术芯片的特性来做设计可起到事半功倍的效果。

第三节　光文本信息处理

一、光学信息处理发展简介

光学信息处理是用光学的方法实现对输入信息的各种变换或处理。光学信息处理是近年来发展起来的一门新兴学科，它以全息技术、光学传递函数和激光技术为基础。透镜的傅里叶变换效应是光学信息处理的理论核心。与其他形式的信息处理技术相比，光学信息处理具有高度并行性和大容量的特点。这一学科发展迅速，现在已成为信息科学的一个重要分支，在许多领域进入了实用阶段。

光学信息处理是基于光学频谱分析，通过空域或频域调制，借助空间滤波技术对光学信息进行处理的过程，多用于二维图像的处理。

光学信息处理的发展有迹可循，多名科学家为它的形成付出了努力。

1873 年，德国科学家创建了二次衍射成像理论，认为在相干照明下，显微镜成像过程可分作两步：首先，物平面上发出的光波在物镜后焦面上得到第一次衍射像；其次，该衍射像发出的次波干涉而构成物体像，称为第二次衍射像。显微镜的相对孔径越大，系统的通频带越宽，物体中所包含的高频信息在成像过程中的损失就越少，像的质量就越高。相对孔径越小，在传递过程中高频信息的损失就越大，像的失真或畸变就越严重，清晰度或分辨率越低。

1935 年，物理学家泽尼克发明了相衬显微镜。1963 年，范德拉格特提出了复数空间滤波的概念，使光学信息处理进入了一个广泛应用的新阶段。90 年代初，Mok 等成功演示了在一个 2 cm×1.5 cm×1 cm 的掺铁银酸钾晶体中存储 5 000 个全息图的实验。全息存储是以全息图的形式进行光学存储。片基上的疵病，如划痕和灰尘，不会破坏信息，只是在信息再现时稍微增加了一点噪声，因而疵病并不意味着某一部分信息的损失。

20 世纪 80 年代以后，随着关键器件——空间调制器的日益完善，光学信息处理以其速度快、抗干扰能力强、并行处理等特点逐渐显示其独特的优越性，成为当今最热门的学科方向之一。

二、空间滤波

空间滤波是基于阿贝成像原理的一种光学信息处理方法，它采用滤波处理来增强影像。这样做的目的是改善影像质量，包括去除高频噪声与干扰，及影像边缘增强、线性增强以及去模糊等，其理论基础是空间卷积。

在光学信息处理系统中，空间滤波需要借助空间滤波器来实现。空间滤波器是位于空间频率平面上的一种吸收膜片，它可以减弱或去掉某些空间频率成分，改变输入信息的空间频谱，从而实现对输入信息的某种变换，得到我们所希望的改变了的像函数。这种对图像进行处理的方法称之为空间滤波。提及"空间"两个字是为了区别频域滤波处理，这里仅限于直接对像素处理的操作。空间滤波器又称掩模、核、模板或窗口。所谓线性空间滤波，其响应是操作领域的图像像素值与对应的、与领域有相同维数的子图像的值的乘积之和。这个子图像的值不是像素值，而是系数值，又称掩模系数。线性空间滤波处理经常被称为"掩模与图像的卷积"。

空间滤波的目的是通过有意识地改变像的频谱，使像产生所希望的变换。光学信息处理是一个更为宽广的领域，它主要是用光学实现对输入信息的各种变换或处理，空间滤波和光学信息处理可以追溯到 1873 年阿贝在显微镜成像原理的研究中，首次提出的在相干光照明下显微镜两次成像的概念。阿贝于 1873 年，波特于 1906 年实验验证了这一理论，说明了成像质量与系统传递的空间频谱之间的关系，这些实验更容易加深对傅里叶光学空间频率、空间频谱和空间滤波等概念的理解，深入了解阿贝成像原理及透镜孔径对成像分辨率的影响，对研究现代光学信息处理具有十分重要的意义。

第五章 计算机科学与技术

第一节 计算机科学技术概论

计算机是 20 世纪最重大的科学技术成就之一。它已成为现代化国家各行各业广泛使用的强有力的信息处理工具。计算机使当代社会的经济、政治、军事、科研、教育、服务等方面在概念和技术上发生了革命性的变化，对人类社会的进步已经并还将产生极为深刻的影响。

计算机科学技术已远远超出了计算机的硬件与软件本身，已成为利用计算机进行信息获取、表示、储存、控制、人工智能等综合性的、科学性与工程性并重的学科。

一、计算机的基本概念

（一）计算机的定义和分类

电子计算机虽然简称为"计算机"，它的早期功能也确实是计算，但后来的计算机已远远超越了单纯计算的功能，已广泛用于信息处理、控制、办公自动化等，它还可以用于系统模拟、推理思维和判决等。

一个计算机系统由硬件和软件两部分组成。硬件是由电子的、机械的、磁性的器件组成的物理实体。软件是程序和有关文档的总称。硬件是软件赖以工作的物质基础，软件的正常工作是硬件发挥作用的唯一途径。计算机系统必须配备完善的软件系统才能正常工作，也才能充分发挥硬件的各种功能。由于计算机种类繁多，通常按用途、规模或处理对象等对计算机的类别进行划分。

1. 按用途划分

（1）通用机：适用于解决多种一般问题。该类计算机使用领域广泛、通用性较强，在科学计算、数据处理和过程控制等多种用途中都能适应。

（2）专用机：用于解决某个特定方面的问题，配有解决该问题的软件和硬件。如在生产过程的自动化控制、工业智能仪表等方面专门应用。

2. 按规模划分

（1）巨型计算机：应用于石油勘探、国防尖端技术和现代科学计算中。巨型机的运算速度可达每秒百万亿次，研制巨型机是衡量一个国家经济实力和科学水平的重要标志。

（2）大/中型计算机：具有较高的运算速度，每秒可以执行几千万条指令，而且有较大的存储空间。往往用于科学计算、数据处理或作为网络服务器使用。

（3）小型计算机：规模较小、结构简单、运行环境要求较低。一般应用于工业自动控制、测量仪器、医疗设备中的数据采集等方面。小型机在用作巨型计算机系统的辅助机方面也起了重要作用。

（4）微型计算机：中央处理器（CPU）采用微处理器芯片，体积小巧轻便，广泛用于商业、服务业、工厂的自动控制、办公自动化，以及大众化的信息处理。

（5）工作站：以个人计算环境和分布式网络环境为前提的高性能计算机。工作站不单纯是进行数值计算和数据处理的工具，而且是支持人工智能作业的作业机，通过网络连接包含工作站在内的各种计算机可以互相进行信息的传送，资源、信息的共享，负载的分配。

（6）服务器：在网络环境下为多个用户提供服务的共享设备，一般分为文件服务器、打印服务器、计算服务器和通信服务器等。

由于计算机技术的迅速进步，目前个人计算机（PC）的能力已接近小型计算机的水平。

3. 按处理对象划分

（1）数字计算机：计算机处理时输入和输出的数值都是数字量。

（2）模拟计算机：处理的数据对象直接为连续的电压、温度、速度等模拟量。

（3）数字模拟混合计算机：输入输出既可以是数字量也可以是模拟量。

（二）计算机的特点和用途

1. 计算机的主要特点

（1）处理速度快：计算机的运算速度用 MIPS（每秒钟执行多少百万条指令）来衡量。

（2）计算精度高：数的精度主要由表示这个数的二进制码的位数决定。

（3）记忆能力强：存储器能存储大量的数据和计算机的程序。内部记忆能力，是计算机与其他计算工具的一个重要区别。

（4）可靠的逻辑判断能力：具有可靠的逻辑判断能力是计算机的一个重要特点，是计算机能实现信息处理自动化的重要原因。

（5）可靠性高，通用性强。

2. 计算机的主要用途

（1）数值计算：计算机广泛地应用于科学和工程技术方面的计算，这是计算机应用的一个基本方面。如人造卫星轨迹计算、导弹发射的各项参数的计算、房屋抗震强度的计算等。

（2）数据处理：在计算机应用普及的今天，计算机更多地应用在数据处理方面。目前，文字处理软件、电子报表软件的使用已非常广泛，在办公自动化方面发挥着巨大作用。

（3）自动控制：自动控制也是计算机应用的一个重要方面。在生产过程中，采用计算机处理信息，进行自动控制，可以大大提高产品的数量和质量，提高劳动生产率，改善人们工作条件，节省原材料的消耗，降低生产成本等。

（4）辅助工程：计算机辅助设计（CAD）、计算机辅助制造（CAM）和计算机集成制造系统（CIMS）是计算机辅助工程的三个重要方面。计算机辅助设计是借助计算机进行设计的一项实用技术，采用 CAD 可实现设计过程的自动化或半自动化。计算机辅助制造是借助计算机帮助人们完成工业产品的制造任务。计算机集成制造系统是将计算机技术集成到制造企业的整个制造全过程中，并综合运用现代管理技术、制造技术、信息处理技术、自动化技术、系统工程技术，将企业生产全部过程中有关的人、技术、经营管理三要素及其信息与物流有机集成并优化运行的复杂的大系统。计算机辅助工程可缩短工程周期，提高工程效率，保证工程质量。

（5）辅助教学：计算机辅助教学（CAI）是利用计算机对学生进行教学。CAI 的专用软件称为课件。从课件的制作到远程教学，从辅助学生自学到辅助教师授课等，均可在计算机的辅助下进行。从而提高教学质量和效率。

（6）人工智能：计算机有记忆能力，又擅长逻辑推理，因此计算机可以对人的思维的信息过程进行模拟。这就是计算机的人工智能。例如，在很多场合下，装上计算机的机器人可以代替人们进行繁重的、危险的体力劳动和部分简单重复的脑力劳动。

（7）计算机通信：它是计算机技术与通信技术结合的产物，计算机网络技术的发展将处在不同地域的计算机用通信线路连接起来，配以相应的软件，达到资源共享的目的。

（8）娱乐活动：人们可以在多媒体计算机上看电视、看 VCD、听音乐、玩游戏、在网上和朋友聊天，等等。

二、计算机科学的发展历史和研究领域

（一）计算机的发展历史

1943—1946 年间，历时近三年，著名的埃尼阿克（ENIAC），即电子数值积分器和计算器（Electronic Numerical Integrator and Computer）终于研制完成。ENIAC 是一个真正的大型机器：占地面积超过 170 m^2，重量达 30 多 t，耗电量超过 174 kWh。它每秒能进行 5 000 次加法运算和 500 次乘法运算，其运算速度比当时最快的继电器计算机快 1 000 多倍。美国军方因此受益，因为 ENIAC 计算炮弹弹道仅需 3 秒，而在此之前，需要 200 人手工计算两个月。除了常规的弹道计算，ENIAC 后来还涉及多个科研领域，并在第一颗原子弹的研制过程中发挥了重要作用。

著名数学家冯·诺依曼对 ENIAC 的结构进行了改进，现代计算机都是按照冯·诺依曼的思想设计制造的。60 多年来，尽管计算机系统的性能指标、运算速度、工作方式、应用领域等方面发生了巨大变化，但其基本结构未变，都被称为冯·诺依曼机。在计算机领域作出重大贡献的还有英国科学家阿兰·图灵。图灵的主要贡献是确立了计算机的理论模型，奠定了利用计算机实现人工智能的基础。而冯·诺依曼的主要贡献则是确立了现代计算机的基本结构——冯·诺依曼结构。计算机的发展史上有几个明显的里程碑，人们将计算机分为若干代。

第一代计算机（1951—1958 年）：硬件上以电子管为逻辑元件。尽管 ENIAC 使用范围较窄，技术上不能完全体现一代机的特征，因此以 1951 年出现的通用自动电子计算机（Universal Automatic Computer，UNIVAC）为标志。该机在 1952 年总统选举中，通过分析 5%的选票就准确预测艾森豪威

尔将击败史蒂文森，从而使美国舆论意识到进入了"计算机时代"。第一代计算机的系统软件较少，程序编写不得不使用机器语言或汇编语言，且不同计算机的语言差异较大。通常，只有专业人员才能操作机器，CPU 的利用率也较低。

第二代计算机（1959—1964 年）：硬件上以晶体管取代电子管，机器体积减小，可靠性提高。磁盘开始使用。软件开发引入了操作系统和高级语言，非专业人员开始使用计算机，并开始用于数据处理和过程控制。

第三代计算机（1965—1970 年）：硬件上用中小规模集成电路取代晶体管，计算机体积进一步缩小，可靠性更高。操作系统更加完善，高级语言更加实用。数据通信技术使远程终端与计算机相连，出现了大范围网络。

第四代计算机（1971 年—今）：进入大规模集成电路的微处理器时代。微型计算机大量涌现。中大型机从以 CPU 为中心发展为以存储器为中心的系统结构，并开发了多处理机系统。软件技术变得越来越重要，软件工程进入实用化。数据库技术和网络技术都取得了显著发展。

目前，一些国家正集中人力、物力开发新一代计算机，它将从数据处理转向知识处理，从存储计算数据转向推理和提供知识。人们也在研究基于其他材料的计算机，如超导计算机、光学计算机、生物计算机等。

（二）计算机科学的发展历史

虽然世界第一台电子计算机 ENIAC 于 1946 年问世，但直到 1963 年，美国斯坦福大学教授才引入"计算机科学"这一术语。事实上，计算机科学的萌芽比这一术语的出现要早得多，其发展与计算机的设计、制造和实践紧密相关。

由于计算机功能的飞跃性发展，计算机被广泛应用于生产和生活的各个方面，显著提高了生产、工作和生活的效率、节奏和水平。在软件科学研究和应用中，计算机也起着关键作用，因此它被公认为现代技术的神经中枢，是未来信息社会的心脏和灵魂。在这种背景下，从对计算机的技术研究上升到了对计算机的科学研究，计算机科学逐渐建立起来。

英国数学家阿兰·图灵（1912—1954年）被公认为计算机科学的创始人。1936年，他提出了图灵机模型。计算机科学的大部分研究基于"冯·诺依曼计算机"和"图灵机"，它们是大多数实际机器的计算模型。当然，科学家也研究其他类型的机器，如实际层面上的并行计算机和理论层面上的概率计算机、Oracle计算机和量子计算机。著名的计算机科学家Dijkstra有一句名言："计算机科学关注于计算机，并不甚于天文学关注于望远镜。"

早期，英国的剑桥和其他大学虽然已经开始教授计算机科学课程，但它仅被视为数学或工程学的一个分支，并非独立的学科。世界上第一个计算机科学系由美国的普渡大学于1962年设立，第一个计算机学院于1980年由美国的东北大学设立。现在，多数大学将计算机科学系列为独立的部门，但有些学校将其与工程系、应用数学系或其他学科联合。

计算机科学领域的最高荣誉是美国计算机协会（ACM）设立的图灵奖，被誉为计算机科学的诺贝尔奖。自1966年以来，每年奖励在计算机科学领域取得突出成就的科学家，这是计算机科学领域的最高荣誉。获得者都是计算机领域最杰出的科学家和先驱。华人中首位获得图灵奖的是姚期智先生，他于2000年以其对计算理论做出的诸多"根本性的、意义重大的"贡献而荣获这一崇高荣誉。

计算机科学植根于电子工程、数学和语言学，是科学、工程和艺术的结晶。它在20世纪最后的30年间兴起成为一门独立的学科，并发展出自己的方法与术语。

（三）计算机科学的研究领域

计算机科学研究的课题包括：计算机程序能做什么和不能做什么（可计算性）；如何使程序更高效地执行特定任务（算法和复杂性理论）；程序如何存取不同类型的数据（数据结构和数据库）；程序如何显得更智能（人工智

能）；人类如何与程序沟通（人机互动和人机界面）。

目前，计算机科学的研究领域可以概括为以下六个方面：

（1）计算机系统结构的研究：传统的计算机系统基于冯·诺依曼的顺序控制流结构，从根本上限制了计算过程的并行性开发和利用。因此，新一代计算机系统结构的研究是计算机科学面临的一项艰巨任务。人们已经探索了许多非冯·诺依曼结构，如并行逻辑结构、归约结构、数据流结构等。智能计算机以及其他新型计算机的研究也具有深远的意义，例如，光学计算机、生物分子计算机、化学计算机等处理方法的潜在影响不可忽视。

（2）程序设计科学与方法论的研究：冯·诺依曼系统结构决定了传统程序设计风格的缺陷，逐字工作方式，语言臃肿无力，缺少必要的数学性质。新一代语言需要从面向数值计算转向知识处理，因此必须从冯·诺依曼设计风格中解放出来。这就需要分析新一代系统语言的模型，设计新的语言，再由新的语言推出新的系统结构。

（3）软件工程基础理论的研究：软件工程的研究对软件生存期做了合理的划分，引入了一系列软件开发的原则和方法，取得了较明显的效果。软件复杂性无法控制的主要原因在于软件开发的非形式化。为了保证软件质量及开发维护效率，程序的开发过程应是一种基于形式推理的形式化构造过程。从要求规范的形式描述出发，应用形式规范导出算法版本，逐步求精，直至得到面向具体机器指令系统的可执行程序。由于形式规范是对求解问题的抽象描述，信息高度集中，简明易懂，使软件的可维护性得到提高。显然，形式化软件构造方法必须以科学的程序设计理论和方法为基础，以集成程序设计环境为支持。

（4）人工智能与知识处理的研究：人工智能的研究正将计算机技术从逻辑处理的领域推向现实世界中自然产生的启发式知识的处理，如感知、推理、理解、学习、解决问题等。为了建立以知识为基础的系统，提高解决问题的综合能力，以启发式知识表达为基础的程序语言和程序环境的研究就成为普遍关心的重要课题。人工智能还包括许多分支领域，如人工视觉、听觉、触觉以及力觉的研究，模式识别与图像处理的研究，自然语言理解与语音合成的研究，智能控制以及生物控制的研究等。总之，人工智能向各方面的深化，对计算机技术的发展将产生深远的影响。

（5）网络、数据库及各种计算机辅助技术的研究：计算机通信网络覆盖面的日趋扩大，各行业数据库的深入开发，各种计算机辅助技术如 CAD、CAM、CIM 等的广泛使用，也为计算机科学提出许多值得研究的问题。如编码理论，数据库的安全与保密，异种机联网与网间互联技术，显示技术与图形学，图像数据压缩、存储及传输技术的研究等。

（6）理论计算机科学的研究：自动机及可计算性理论的研究，例如，图灵机的理论研究还有许多工作可做。理论计算机科学使用的数学工具主要是信息论、排队论、图论、符号逻辑等，这些工具本身也需进一步发展。

计算机科学与技术学科虽然只有短短的几十年的历史，而且与数学、电子学等学科相比，还是一门很年轻的学科，但是，它已经具有相当丰富的内容，并且正在成长为一个覆盖面最广的基础学科。

第二节　计算机中数据的表示

计算机最早是作为一种运算工具出现的，因此，其基本功能是对数据进行加工处理。计算机中的数据分为两种：一种是数值型数据（即可进行运算的有值的数）；另一种是非数值型数据（如文字、符号等）。所有数据在计算机中均采用二进制数码表示。

一、数制

由于计算机采用二进制数码表示数据，因此了解和掌握数制是十分必要的。数制是指用一组统一的符号和规则来表示数的方法，简称数制。按照进位方法的不同，数制分为十进制、二进制和十六进制等。日常生活中最常用的是十进制数，而在计算机中最常用的是二进制和十六进制。无论哪种进制，都包含两个基本要素：基数（一种数制中所允许使用的数字符号的总数）和位权（在一种数制表示的数中，不同数位上的固定常数）。

二、码制

前面所讨论的数都没有涉及符号（默认为正数），但在实际应用中，我们既会遇到正数，也会遇到负数。因此，一个数应由两部分组成：数的符号和数的数值。在符号中，用"＋"表示正数，用"－"表示负数。由于计算机只认识"0"和"1"代码，因此约定：用"0"表示"＋"符号，用"1"表示"－"符号。这样，符号就数码化了。

为了区分符号数码化前后的两个对应的数，即区分原来的数和它在计算机中表示的数，称后者为机器数，而前者为机器数的真值。计算机是对机器数进行运算。为了便于运算，带符号的机器数可采用原码、反码和补码等不同的编码方法，这些编码方法称为码制。

（一）原码

用原码表示真值时，第一位是符号位，正数的符号位用"0"表示，负数的符号位用"1"表示，其余各位是数的绝对值部分。

例：若 $x = +1101$，$y = -1101$。求 x 和 y 的原码。

解：$[x]$ 原 $= 01101$，$[y]$ 原 $= 11101$

零的原码有两种形式：

$[+0]$ 原 $= 000 \cdots 0$，$[-0]$ 原 $= 100 \cdots 0$

在原码运算中，符号位需要单独处理，并不参加运算。运算前需先判别两数的符号位：若符号位相同，则进行加法运算；若符号位不同，则进行减法运算。做减法运算时，需比较数的绝对值，且绝对值大的数作为被减数，并将被减数的符号作为最后结果的符号。运算的结果也是原码。

（二）反码

正数的反码与原码相同，负数的反码其符号位为"1"，数值位为真值的数值位取反。

例：若 $x=+1101$，$y=-1101$。求 x 和 y 的反码。

解：$[x]$ 反 $=01101$，$[y]$ 反 $=10010$

零的反码有两种形式：

$[+0]$ 反 $=000\cdots0$，$[-0]$ 反 $=111\cdots1$

反码的符号位与数值位一起参加运算，但符号位若产生进位，则需将它加到和数的最低位上去（循环进位）。"循环进位"是反码运算必须遵循的特殊规律。运算结果为反码。反码的加、减运算可统一为加法运算。

（三）补码

正数的补码与原码、反码相同，负数的补码为其反码加"1"。

例：若 $x=+1101$，$y=-1101$。求 x 和 y 的补码。

解：$[x]$ 补 $=01101$，$[y]$ 补 $=10011$

零的补码只有一种表示形式：

$[+0]$ 补 $=[-0]$ 补 $=000\cdots0$

补码的符号位与数值位一起参加运算，且符号位产生的进位自动丢失。运算结果仍为补码。零的补码具有唯一性，因此不会给运算器的识别和运算带来不便。补码的加减运算可统一为加法运算。

原码、反码和补码均能被计算机识别。但在计算机中，常用补码进行加减运算。

三、数的定点表示与浮点表示

数既可能是整数也可能是小数，但机器并不认识小数点。在计算机中，小数点不是由实际设备保存的，而是一种约定。计算机中常采用两种方法来处理小数点：定点表示法与浮点表示法。

（一）定点表示法

定点表示法指在计算机中数的小数点的位置是固定不变的。一般小数点固定在数的最高位之前或者是最低位之后。当小数点约定在数符和最高数值位之间，机器内的数为纯小数（定点小数）；当小数点约定在最低数值位之后时，机器内的数为纯整数（定点整数）。采用定点表示的数称为定点数，使用定点数的计算机称为定点机。

定点机处理非纯小数或非纯整数时，先要对数进行"放大"或者"缩小"处理，使数变为纯整数或纯小数，计算完成后，再对结果进行"缩小"或者"放大"处理。

（二）浮点表示法

小数点在数中的位置不固定或者说是浮动的，则为浮点表示。用浮点表示的数称为浮点数，而使用浮点数的计算机称为浮点机。

浮点数由两部分组成：指数部分与尾数部分。前者表示小数点浮动的位置，后者表示数的符号和有效数位。其一般形式为：

$N = S \times 2$

式中，S 为尾数；2 为基数；J 为阶码。

例如，$N = 11.0101 = 0.110101 \times 2^{10} = 0.00110101 \times 2\,100$。

显然，小数点的位置是浮动的。并且小数点的移动，在计算机中是通过尾数的移位及阶码的相应变化来实现的。且：小数点左移 1 位，相当于尾数数码右移 1 位，而阶码加 1；小数点右移 1 位，相当于尾数数码左移 1 位，而阶码减 1。

在运算过程中，为了提高精度（即增加有效数字的位数）及便于浮点数的比较，规定浮点数的尾数是纯小数，且必须为规格化数（即位数最高位为"1"的浮点数）。$N=0.110101 \times 2^{10}$ 即为浮点数的规格化形式。

浮点数由阶码 J 和尾数 S 两部分构成。阶码是整数，阶符和阶码位数 m 合起来反映浮点数的表示范围及小数点的实际位置。尾数是小数，其位数 n 反映浮点数的精度。尾数的符号 S，代表浮点数的正负。

一般大、中型计算机中采用浮点表示，而小型和专用计算机中多采用定点表示。

四、编码

计算机只认识"0""1"代码，因此，为了使计算机能够识别其他的数和字符，必须对其进行二进制编码。下面介绍几种常见的编码及其特性。

（一）十进制数的二进制编码

在计算机中，十进制数除了被转换成二进制数参加运算外，还可以直接进行输入和运算。但此时的十进制数是二进制编码的十进制数（即形式上是"0""1"代码，实际上却为十进制数）。

用一定规则组成的四位二进制数来表示一位十进制数的方法，称为十进制数的二进制编码或二进制编码的十进制数（Binary Coded Decimal），简称 BCD 码。

由于十进制数的最大数符为 9，故至少需要 4 位二进制数码才行。一般采用 4 位二进制数来表示 1 位十进制数，而 4 位二进制数的组合有 16 种，十进制数只取其中 10 种，还多余 6 个代码。因此，十进制数的二进制编码方法有多种，不同的编码方法产生不同的 BCD 码，而目前使用最广泛的 BCD 码是 8421 码。

8421 码是用 4 位二进制编码表示 1 位十进制数，且逢十进位。4 位二进制码的各位的权值自左到右分别为 8、4、2、1，故称 8421 码。即取 4 位二进制数的前面 10 种代码 0000～1001 依次表示 0～9 这 10 个数符。8421 码中不允许出现 1010～1111 这 6 个代码。

注意，不能将其与二进制数混淆起来。

例如，(01000111)BCD$=(47)10$，$(01000111)_2=(71)10$。

（二）字符的二进制编码

字母、数字、汉字和符号统称为字符。而用来表示字符的二进制码称为字符编码。人们使用计算机的基本手段是通过键盘与计算机交互，从键盘上敲入的各种命令都是以字符形式体现的。然而，计算机只认识"0""1"代码，这就需要对字符进行编码，并由机器自动转换为"0""1"代码形式存入计算机。常用的字符编码有 ASCII 码和汉字编码等。

第三节　计算机的硬件系统

计算机的硬件系统是指构成计算机的一些看得见、摸得着的实际物理设备，是计算机工作的物质基础。

一、冯·诺依曼体系结构

计算机的体系结构，指的是构成计算机系统主要部件的总体布局、部件的主要性能以及这些部件之间的连接方式。20 世纪初，物理学和电子学科学家们就在争论制造可以进行数值计算的机器应该采用什么样的结构。人们被十进制这一人类习惯的计数方法所困扰。20 世纪 30 年代中期，美籍匈牙利科学家冯·诺依曼大胆地提出：抛弃十进制，采用二进制作为数字计算机的数制基础。同时，他还提出了存储程序和程序控制的思想，即预先编制计算程序，并将其存放在计算机的存储器中，然后由计算机按照程序顺序执行来完成计算工作。人们将冯·诺依曼的这一理论称为冯·诺依曼体系结构。世界上第一台冯·诺依曼式计算机（即实现存储程序功能的计算机）是 1949 年研制的电子延迟存储自动计算机（Electronic Delay Storage Automatic Calculator，EDSAC）。从 EDSAC 到当前最先进的计算机，都采用了冯·诺依曼体系结构。由于他对计算机技术的突出贡献，冯·诺依曼又被称为"计算机之父"。

二、计算机硬件的基本结构

根据冯·诺依曼体系结构构成的计算机必须具有如下功能：把所需的程序和数据送至计算机中；具有长期记忆程序、数据、中间结果及最终运算结果的能力；能够完成各种算术、逻辑运算和数据传送等数据加工处理的工作；能够根据需要控制程序走向，并能根据指令控制机器的各部件协调操作；能够按照要求将处理结果输出给用户。为了完成上述功能，计算机硬件系统必须由五个基本部件组成：输入数据和程序的输入设备；记忆程序和数据的存储器；完成数据加工处理的运算器；控制程序执行的控制器；输出处理结果的输出设备。

三、微型计算机的硬件结构

微型计算机简称微机，也叫个人计算机（Personal Computer，PC）。其硬件与普通定义下的计算机硬件一样，也是由运算器、控制器、存储器、输入设备和输出设备组成。但由于体积小，其控制器和运算器一般集成在一块芯片上，称为中央处理单元（Central Processing Unit，CPU），也叫微处理器

（Microprocessor，MP）。微机以微处理器为核心，再配上存储器、接口电路（适配器）、系统总线和外部设备等构成。从外观上看，微机硬件由主机和外部设备构成。

微机的主机箱里有一块印刷电路板（即主板）。一般地，微机的重要部件都安装在主板上，主要包括 CPU 和内存储器，还有总线槽、插座、电池以及外设接口卡等。

微机的外部设备主要包括输入设备、输出设备以及外存储器等。硬盘、光驱等外存储器一般都安装在主机箱内。外部设备必须通过接口电路（适配器）与主机连接。

微机是由若干系统部件构成的，各部件之间存在大量的信息流动，因此，系统与系统之间、部件与部件之间以及同一部件上各芯片之间需要用通信线路连接起来。这种通信线路即总线。根据总线所在位置，总线分为内部总线和外部总线两类。内部总线是指 CPU 内各部件的连线，而外部总线是指系统总线，即 CPU 与存储器、输入/输出系统之间的连线。

例如，微处理器内部的控制器、运算器、寄存器之间通过内部总线连接，而系统主板上的 CPU、存储器、接口电路等则是通过外部总线（即系统总线）连接，构成主机。最后再配上所需的外部设备，组成一个完整的微机系统。

（一）中央处理器

中央处理器（CPU）主要由运算器和控制器组成。运算器是对数据进行加工处理的部件，主要完成算术运算和逻辑运算。控制器的作用是控制计算机的各个部件有条不紊地工作，其基本功能是从内存取指令并执行指令。CPU 的基本功能如下：

（1）程序控制：CPU 通过执行指令来控制程序的执行顺序，这是 CPU 的重要职能。

（2）操作控制：一条指令功能的实现需要若干操作信号来完成，CPU

产生每条指令的操作信号并将操作信号送往不同的部件，控制相应的部件按指令的功能要求进行操作。

（3）时间控制：CPU 对各种操作进行时间上的控制。对每条指令的执行时间要进行严格控制，同时，指令执行过程中的操作信号的出现时间、持续时间及出现的时间顺序都需进行严格控制。

（4）数据处理：CPU 对数据进行算术运算和逻辑运算，数据处理的结果供人们使用。因此，数据处理是 CPU 最根本的任务。

（二）存储器

存储器是计算机中用来存储信息的部件。有了存储器，微机系统才具备"记忆"功能，可以将计算机要执行的程序、数据处理的结果（包括中间结果和最终结果）存储在计算机中，使计算机能够自动连续地工作。存储器分为内存储器和外存储器。

1. 内存储器

内存储器简称内存。计算机要执行的程序、处理的信息和数据都必须先存入内存，才能由 CPU 取出进行处理。内存一般分为只读存储器（Read Only Memory，ROM）和随机读写存储器（Random Access Memory，RAM）两种。

（1）ROM：其中存储的数据只能读出，不能写入。其最大优点是保存的数据在断电后不会丢失，因此用来保存计算机经常使用且固定不变的程序和数据。ROM 中保存的最重要的程序是基本输入输出系统（Basic Input Output System，BIOS），这是一个对输入输出设备进行管理的程序。

（2）RAM：其中存储的数据可以随时读出和写入，或对原来的数据进行修改。RAM 的特点是存储的数据在断电后将丢失。

2. 外存储器

外存储器简称外存，又称辅助存储器。内存的容量是有限的，因此大量暂时不用的数据和程序保存在外存。CPU 不能直接用指令对外存进行读写操作，而是通过接口电路将外存数据调入内存后才能供 CPU 处理。外存的特点是存储容量大，价格便宜，存储的信息在断电后不会丢失，但速度较慢。微机常用的外存主要有硬盘、U 盘和光盘等。

存储器可以存储的二进制信息总量称为存储容量，它是存储器的一个重要指标。容量越大，存储的二进制信息越多，系统的功能就越强。存储器由许多存储单元组成，每个存储单元可存放若干个二进制位，其位数称为存储单元的长度。一般用字节表示，单位为 B。一个字节由 8 个二进制位组成，即 1 B = 8 bit。

计算机中还用更大的单位来度量存储容量，如千字节（记作 KB）、兆字节（记作 MB）、吉字节（记作 GB）和太字节（记作 TB）。它们之间的换算关系为：1 KB = 1 024 B，1 MB = 1 024 KB，1 GB = 1 024 MB，1 TB = 1 024 GB。

（三）输入/输出接口

输入/输出（Input/Output，I/O）接口，也被称为适配器，是以集成电路（Integrated Circuit，IC）、芯片或接口板的形式出现的电子电路。它由若干专用寄存器和相应的控制逻辑电路构成，是 CPU 和 I/O 设备之间交换信息的媒介和桥梁。

I/O 接口的基本功能包括：

（1）进行端口地址译码以选择设备；

（2）向 CPU 提供 I/O 设备的状态信息，并进行命令译码；

（3）进行定时和时序控制；

（4）对传送数据提供缓冲，以消除计算机与外设在"定时"或数据处理速度上的差异；

（5）提供有关电气的适配；

（6）以中断方式实现 CPU 与外设之间信息的交换。

（四）系统总线

总线是一组信号线，是计算机各部件之间传输信息的公共通路。系统总线根据其传输的信号作用不同，可以分为三大类：地址总线、数据总线和控制总线。

（1）地址总线（Address Bus，AB）：专门负责传送地址信号。由于地址信号只能从 CPU 传向存储器或 I/O 端口，所以地址总线是单向的。

（2）数据总线（Data Bus，DB）：上传递的是数据信息。数据总线是双向的，既可以把 CPU 的数据传送到存储器或 I/O 接口等其他部件，也可以将其他部件的数据传送到 CPU。

（3）控制总线（Control Bus，CB）：用来传输控制信号和状态信息。

（五）输入/输出设备

输入/输出（I/O）设备通过 I/O 接口与主机进行通信。输入设备是人机交互的主要手段，计算机通过输入设备接收程序和用户数据，并将其存储在内存中，供计算机运行时使用。随着计算机技术的不断发展，计算机输入手段和工具也在不断地变革，从最初的键盘发展到现在的鼠标、扫描仪、光笔、话筒、摄像头、数码相机等。

输出设备是把经过计算机处理的数据，以人们能够识别的形式输出的设备，例如显示器、打印机、绘图仪、音箱等。

四、计算机的主要性能指标

计算机有以下几个主要的性能指标：

（1）主频（时钟频率）：指 CPU 在单位时间内输出的脉冲数，很大程度上决定了计算机的运行速度，单位是 MHz。

（2）字长：指计算机的运算部件能够同时处理的二进制数据的位数，决定了计算机的运算精度。

（3）内存容量：指内存中能够存储的信息总字节数，通常以 8 个二进制位（bit）作为一个字节（Byte）。

（4）存取周期：存储器连续两次独立的"读"或"写"操作所需的最短时间，单位是 ns（1 ns＝10^{-9} s）。存储器完成一次"读"或"写"操作所需的时间称为存储器的访问时间或读写时间。

（5）运算速度：是一个综合性的指标，单位是 MIPS（百万条指令/秒）。影响运算速度的因素主要是主频和存取周期，字长和存储容量也有影响。

（6）其他指标：包括机器的兼容性（数据和文件的兼容、程序兼容、系统兼容和设备兼容）、系统的可靠性（平均无故障工作时间 MTBF）、系统的可维护性（平均修复时间 MTTR）、机器允许配置的外部设备的最大数目、计算机系统的汉字处理能力、数据库管理系统及网络功能等。性能/价格比是一项综合性评价计算机性能的指标。

五、计算机的工作原理

计算机的工作原理与电视机、VCD 机类似，接收指令并按用户的意思执行某项功能。不过，这些指令并不是直接发给要控制的硬件，而是先通过输入设备接收指令，然后由中央处理器（CPU）来处理这些指令，最后由输出设备输出结果。

计算机的工作原理基于存储程序和程序控制的原理。先将编制好的计算程序输入，并存放在内存中。计算机的基本工作过程就是执行程序（指令的有序集合）的过程，即 CPU 自动从存放程序的第一个存储单元起，逐步取出指令、分析指令，并根据指令规定的操作类型和操作对象，执行指令规定的相关操作。如此重复，直至执行完程序的所有指令，从而实现程序的基本功能。

第四节 计算机的软件系统

一、计算机软件的基本知识

计算机软件是指用计算机指令和算法语言编写的程序，以及运行这些程序所需的文档和数据。软件的功能是通过利用计算机本身的逻辑功能来合理组织计算机的工作，从而简化或代替人们在使用计算机过程中的各个环节，并为用户提供一个便于掌握、操作简便的工作环境。在计算机产生的初期，人们普遍认为软件就是程序。1983 年，美国 IEEE（电器和电子工程协会）给软件下了一个明确的定义：软件是计算机程序、方法、规则、相关文档以及在计算机上运行所必需的数据。

计算机软件系统可分为系统软件和应用软件两部分。

（一）系统软件

系统软件是一种综合管理计算机硬件和软件资源的大型软件，它为用户提供工作环境和开发工具，是用户、应用软件与计算机硬件之间的接口。系统软件主要包括操作系统、各种程序语言的翻译系统、诊断程序和故障处理程序、数据库管理系统、网络软件等。

操作系统是计算机的大管家,负责管理和控制计算机的各个部件协调一致地工作,是最基本、最重要的系统软件。一台计算机必须安装操作系统才能正常工作。常用的操作系统有 DOS、Windows、UNIX、Linux 等。

程序设计语言是用来编制程序的专门语言。用户用各种程序语言编制的程序称为源程序。计算机能直接识别的机器语言程序称为目标程序。程序语言的翻译系统将源程序翻译成目标程序,再由计算机执行。翻译系统包括汇编程序、编译程序和解释程序等。

诊断程序和故障处理程序用来对计算机系统的故障进行检测和定位。数据库管理系统是用来操纵、控制和管理数据库的软件。

计算机网络软件是计算机软件和通信软件两者高度发展和密切结合的结果。从某种意义上讲,它是更高水平上的操作系统。计算机网络软件使网上用户能够实现数据传送,共享网络中的所有硬件、软件和数据等资源。

(二)应用软件

应用软件是计算机用户在各自应用领域中为解决某些具体问题而编制的软件。例如,文字处理软件如 Word 等。还有为各种不同用途编制的专用软件,如财务管理软件、辅助教学软件等。

二、计算机程序设计

(一)程序设计语言

程序实际上是用计算机语言描述的对某一问题的解决步骤,是一组计算机能够识别的指令。程序设计是为计算机安排指令序列并告诉计算机如何执行的过程。程序设计语言即计算机语言,是一套关键字和语法规则的集合,用于产生由计算机处理和执行的指令,是人机信息交流的工具。随着计算机科学技术的发展，程序设计语言经历了机器语言、汇编语言、高级语言三个阶段。

1. 机器语言

机器语言是用"0"和"1"代码组成的计算机语言，是计算机能直接识别的低级语言。由于不同型号的计算机具有不同的机器语言（对硬件依赖性大），且机器指令是用二进制代码表示的，因此编程和理解都很困难。

2. 汇编语言

汇编语言采用能帮助记忆的英文缩写符号表示的计算机语言。计算机不能直接识别，必须将汇编语言源程序翻译成机器语言的目标程序，才能被计算机识别。将汇编语言源程序变成机器语言目标程序的过程称为汇编。完成汇编功能的程序称为汇编程序。

3. 高级语言

高级语言是类似于人类语言的计算机语言。高级语言源程序也不能直接被计算机执行，必须转换成机器语言。这种转换可以是解释也可以是编译。完成编译功能或解释功能的程序称为编译程序或解释程序。高级语言表达能力强，开发效率高，易学易用，但硬件控制功能较弱。

（二）结构化程序设计

结构化程序设计由迪克斯特拉（E.W.Dijkstra）在 1969 年提出，是以模块化设计为中心，将待开发的软件系统划分为若干个相互独立的模块，以使完成每一个模块的工作变得单纯而明确，为设计一些较大的软件打下良好的基础。

由于模块相互独立，因此在设计其中一个模块时，不会受到其他模块的牵连，从而可将原来较为复杂的问题化简为一系列简单模块的设计。模块的独立性还为扩充已有的系统、建立新系统带来了便利，因为可以充分利用现有的模块进行积木式的扩展。

按照结构化程序设计的观点，任何算法功能都可以通过由程序模块组成的顺序结构、选择结构和循环结构的组合来实现。

结构化程序设计的基本思想是采用"自顶向下，逐步求精"的程序设计方法和"单入口单出口"的控制结构。"自顶向下，逐步求精"的程序设计方法从问题本身开始，经过逐步细化，将解决问题的步骤分解为由基本程序结构模块组成的结构化程序框图。"单入口单出口"的思想认为：一个复杂的程序如果仅由顺序、选择和循环三种基本程序结构通过组合、嵌套构成，那么这个程序一定是一个单入口单出口的程序。据此，就可以很容易编写出结构良好、易于调试的程序。

（三）程序设计步骤

程序设计是用计算机语言编写程序的过程，一般包括以下几个步骤：

（1）问题定义：根据实际问题确定计算机需要完成的工作和任务。

（2）划分模块：将大任务分解成几个小任务，直到不能再分为止。

（3）确定数据结构：根据原始数据及输出形式，选择合适的数据结构。

（4）确定算法：选取解决问题的合适算法。

（5）画出框图或流程图：将算法形象化，以书面形式表达出来。

（6）完成设计计划文档：统一各个不同模块的接口和风格，以书面文件形式表达，包括框图。

（7）编写代码：按照设计计划文档要求书写程序代码。

（8）语法检查：静态检查程序代码，并与设计计划文档核对。

（9）运行调试：上机运行程序代码并检查错误。

（10）反复修改调试：对错误进行修改并重复步骤 7、8、9，直到成功及满意。

（11）系统测试：将各个不同模块连接，统一调试，再次重复步骤 7、8、

9，完成整个系统后，进行相应的测试。

（12）完成其他文档：整理并写出所有的文档资料。

（四）程序设计风格

程序设计风格是指一个人编制程序时所表现出来的特点、习惯、逻辑思路等。在程序设计中，使程序结构合理、清晰，形成良好的编程习惯非常重要。编写的程序不仅要在机器上运行给出正确的结果，而且要便于调试和维护。这就要求编写的程序不仅要自己看得懂，也要让别人能看懂。随着计算机技术的发展和软件规模的增大，软件的复杂性也增强了。为了提高程序的可阅读性，需要建立良好的编程风格。

1. 源程序文档化

标识符应按意取名；程序应加注释。

2. 数据说明

数据说明顺序应规范，使数据的属性更易于查找，从而有利于测试、纠错与维护；一个语句说明多个变量时，各变量名按字典序排列；对于复杂的数据结构，要加注释，说明在程序实现时的特点。

3. 语句构造

语句构造的原则是：简单直接，不能为了追求效率而使代码复杂化；为了便于阅读和理解，不要在一行中编写多个语句；不同层次的语句采用缩进形式，使程序的逻辑结构和功能特征更加清晰；要避免复杂的判定条件，避免多重循环嵌套；表达式中使用括号以提高运算次序的清晰度。

4. 输入和输出

在编写输入和输出程序时，考虑以下原则：输入操作步骤和输入格式尽量简单；应检查输入数据的合法性和有效性，并报告必要的输入状态信息及错误信息；在输入一批数据时，使用数据或文件结束标志，而不是用计数来控制；交互式输入时，提供可用的选择和边界值；当程序设计语言有严格的格式要求时，应保持输入格式的一致性；输出数据表格化、图形化。

输入、输出风格还受其他因素的影响，如输入、输出设备，用户经验及通信环境等。

5. 效率

效率指处理机时间和存储空间的使用，对效率的追求应明确以下几点：效率是一个性能要求，目标在需求分析阶段给出；追求效率应建立在不影响程序可读性和可靠性基础上，首先要确保程序正确，再提高程序效率，首先要确保程序清晰，再提高程序效率；提高程序效率的根本途径在于选择良好的设计方法和数据结构算法，而不是通过编程时对程序语句的调整来实现。

三、数据结构与算法

计算机处理的对象是数据。因此，数据的结构直接影响算法的选择和程序效率。

（一）数据结构的基本概念

数据结构是指数据之间的相互关系，即数据的组织形式。此处的"数据"是指描述客观事物的数、字符以及所有能输入到计算机中并被计算机程序处理的符号的集合。数据集合中的每一个个体称为数据元素，它是数据的基本单位。因此，数据结构是带有结构的数据元素的集合，该结构反映了数据元素之间存在的某种联系。

根据数据元素之间关系的不同特性,通常有下列四类基本结构:集合(数据元素间的关系是同属一个集合)、线性结构(数据元素间存在一对一的关系)、树形结构(结构中的元素间的关系是一对多的关系)和图(网)状结构(结构中的元素间的关系是多对多的关系)。

数据结构作为一门学科,主要研究数据的各种逻辑结构和存储结构,以及对数据的运算。算法的设计通常取决于数据的逻辑结构,而算法的实现则取决于数据的物理存储结构。

(1)数据的逻辑结构:即数据元素之间的逻辑关系,是从逻辑关系上描述数据,与数据的存储无关,是独立于计算机的。数据的逻辑结构可以看作是从具体问题抽象出来的数学模型。

(2)数据的存储结构:即数据元素及其关系在计算机存储器内的表示,是逻辑结构用计算机语言的实现(亦称为映像),它依赖于计算机语言。对机器语言而言,存储结构是具体的。一般只在高级语言的层次上讨论存储结构。

(3)数据的运算:即对数据施加的操作。数据的运算定义在数据的逻辑结构上,每种逻辑结构都有一个运算的集合。最常用的检索、插入、删除、更新、排序等运算,实际上只是在抽象的数据上所施加的一系列抽象的操作。所谓抽象的操作,是指人们只知道这些操作是"做什么",而无须考虑"如何做"。只有确定了存储结构之后,才考虑如何具体实现这些运算。

(二)几种典型的数据结构

(1)线性表:在数据处理中,大量数据均以表格形式出现,称为线性表。线性表是最简单、最常用的一种数据结构。线性表的逻辑结构是 n 个数据元素的有限序列:$a1$,$a2$,$a3$,…,an,数据元素之间呈线性关系。线性表的存储结构分为顺序存储结构(静态存储结构)和链式存储结构(动态存储结构)。

（2）堆栈和队列：堆栈简称为栈，是一种运算受限的线性表，即只能在表的一端（栈顶）进行插入和删除操作，表的另一端称为栈底。其主要特点是"后进先出"。队列也是一种线性表，是一种先进先出（FIFO）的线性表。只允许在表的一端进行插入，在表的另一端进行删除。

（3）树：树形结构是一类重要的非线性数据结构，结点之间有分支，并具有层次关系的结构，非常类似于自然界中的树。

（4）图：图是一种较线性表与树更为复杂的数据结构，可以把树看成简单的图。图在语言学、逻辑学、人工智能、数学、物理、化学、计算机领域等有着广泛的应用。

（三）算法

算法是指完成一个任务所需要的具体步骤和方法。程序就是用计算机语言描述的算法。不同的算法可能用不同的时间、空间或效率来完成同样的任务。

（1）算法的特性包括：输入量、输出量、确定性、有限性和有效性。

（2）算法的描述方式有自然语言、伪代码、传统流程图和 N－S 流程图等。

（3）常用算法包括递归、枚举法和查找算法等。

（4）算法评价主要考虑算法的时间复杂度、空间复杂度以及是否易理解和易维护。

四、操作系统

操作系统是计算机软件系统中最基本、最重要的软件；是控制其他程序运行，管理系统资源并为用户提供操作界面的系统软件的集合；是用户与计算机系统之间的接口。通俗地讲，操作系统是基于 BIOS 之上的，用于运行应用软件的一套软件。它把硬件的功能调动起来，把应用软件的代码翻译过来运行，其他软件通过它对计算机发号施令。

首先介绍裸机的概念。裸机即计算机硬件的组合。一般情况下，不能直接操作裸机，必须通过一个叫做"基本输入输出系统（Basic Input Output System，BIOS）"的软件系统，才能操作控制裸机，因为它提供了最基本的计算机操作功能，如接收一个键盘字符的输入，等等。

基本输入输出系统对计算机来说是非常重要的，它直接影响计算机能否使用。同时几乎所有计算机功能最终都是分解为一个个简单的基本输入输出操作来实现。基本输入输出系统存放在主板的 ROM 芯片中，平时不可修改，也没必要修改。

在基本输入输出系统的外面，是 Windows 2000 或 Windows 2003 系统。这些软件即操作系统（Operating System，OS）。它专门负责管理计算机的各种资源，并提供操作计算机所需的工作界面。有了它们，人们才可以方便自如地使用计算机。正是由于操作系统的飞速发展，才使计算机的使用从高度专业化的技术人员手中，走向了广大普通用户手中，同样也正是由于操作系统的飞速发展，才使得计算机的应用出现了多姿多彩的今天。操作系统是管理计算机软硬件资源的一个平台，没有它，任何计算机都无法正常运行。

操作系统的形态多种多样，有些操作系统集成了图形化使用者界面，而有些操作系统仅使用文本接口。不同机器安装的操作系统可从简单到复杂，可从手机的嵌入式系统到超级计算机的大型操作系统。但所有的操作系统均具有并发性、共享性、虚拟性和不确定性 4 个基本特征。

（一）操作系统的功能

操作系统的主要功能是资源管理，程序控制和人机交互等。计算机系统的资源可分为设备资源和信息资源两大类。设备资源指的是组成计算机的硬件设备，如中央处理器等。信息资源指的是存放于计算机内的各种数据，如文件、程序库、知识库、系统软件和应用软件等。计算机系统的设备资源和信息资源都由操作系统根据用户需求按一定的策略分配和调度。

操作系统既是计算机系统的管理员，又是计算机系统用户的服务员。它大致包括 5 个方面的管理功能：处理器管理、存储管理、文件管理、作业管理和设备管理。

（1）处理器管理：根据一定的策略将处理器交替地分配给系统内等待运行的程序。以使 CPU 资源得到最充分的利用。

（2）存储管理：即管理内存资源。主要实现内存的分配与回收，存储保护以及内存扩充。

（3）文件管理：向用户提供创建文件、撤销文件、读写文件、打开和关闭文件等功能。系统中的信息资源（如程序和数据）是以文件的形式存放在外存储器上的，需要时再把它们装入内存。文件管理的任务是有效地支持文件的存储、检索和修改等操作，解决文件的共享、保密和保护问题，以便用户方便、安全地访问文件。

（4）作业管理：是为用户提供一个使用系统的良好环境，使用户能有效地组织自己的工作流程，并使整个系统高效地运行。

（5）设备管理：负责分配和回收外部设备，以及控制外部设备按用户程序的要求进行操作。除了上述功能之外，操作系统还要具备中断处理、错误处理等功能。而且，操作系统的各功能之间并非完全独立的，它们之间存在着相互依赖的关系。

（二）操作系统的分类

操作系统大致可分为 6 种类型：简单操作系统、分时操作系统、实时操作系统、网络操作系统、分布式操作系统和智能操作系统。

（1）简单操作系统：是计算机初期所配置的操作系统，如 IBM 公司的磁盘操作系统 DOS/360 和微型计算机的操作系统 CP/M 等。这类操作系统的功能主要是操作命令的执行，文件服务，支持高级程序设计语言编译程序和控制外部设备等。

（2）分时操作系统：支持位于不同终端的多个用户同时使用一台计算机，彼此独立互不干扰，用户感到好像一台计算机全为他所用。

（3）实时操作系统：是为实时计算机系统配置的操作系统。其主要特点是资源的分配和调度首先要考虑实时性，然后才是效率。此外，实时操作系统应有较强的容错能力。

（4）网络操作系统：是为计算机网络配置的操作系统。在其支持下，网络中的各台计算机能互相通信和共享资源。其主要特点是与网络的硬件相结合来完成网络的通信任务。

（5）分布式操作系统：是为分布式计算机系统配置的操作系统。它在资源管理、通信控制和操作系统的结构等方面都与其他操作系统有较大的区别。由于分布式计算机系统的资源分布于系统的不同计算机上，操作系统对用户的资源需求不能像一般的操作系统那样等待有资源时直接分配的简单做法，而是要在系统的各台计算机上搜索，找到所需资源后才可进行分配。对于有些资源，如具有多个副本的文件，还必须考虑一致性（指若干个用户对同一个文件所同时读出的数据是一致的）。为了保证一致性，操作系统必须控制文件的读、写操作，使得多个用户可同时读一个文件，而任一时刻最多只能有一个用户在修改文件。分布式操作系统的通信功能类似于网络操作系统。由于分布式计算机系统不像网络分布得很广，同时分布式操作系统还要支持并行处理，因此它提供的通信机制和网络操作系统提供的有所不同，要求通信速度高。分布式操作系统的结构也不同于其他操作系统，它分布于系统的各台计算机上，能并行地处理用户的各种需求，有较强的容错能力。

（6）智能操作系统：如智能软件。

（三）目前流行的网络操作系统

目前局域网中主要存在以下几类网络操作系统。

1. Windows 类

Windows 是微软公司在 1985 年 11 月发布的第一代窗口式多任务系统，它使 PC 开始进入了所谓的图形用户界面时代。在图形用户界面中，每一种应用软件（即由 Windows 支持的软件）都用一个图标表示，用户只需把鼠标移到某图标上，双击该图标即可进入该软件应用窗口，这种界面方式为用户提供了很大的方便，把计算机的使用提高到了一个新的阶段。

Windows 不仅在个人操作系统中占有绝对优势，而且在网络操作系统中也有一定地位，是整个局域网配置中最常见的操作系统。但由于它对服务器的硬件要求较高，且稳定性能不是很高，所以微软的网络操作系统一般只用在中、低档服务器中，高端服务器通常采用 UNIX、Linux 等非 Windows 操作系统。在局域网中，微软的网络操作系统主要有：Windows NT4.0Server、Windows 2000 Server Advance Server，以及最新的 Windows 2003 Server Advance Server 等，工作站系统可以采用任一 Windows 或非 Windows 操作系统，包括个人操作系统，如 Windows 9x/ME/XP 等。

在整个 Windows 网络操作系统中，最为成功的还是要算 Windows NT4.0 这一套系统，它几乎成为中、小型企业局域网的标准操作系统，一是它继承了 Windows 家族统一的界面，使用户学习、使用起来更加容易。二是它的功能也的确比较强大，基本上能满足所有中、小型企业的各项网络需求。虽然它比 Windows 2000/2003Server 系统在功能上要逊色许多，但它对服务器的硬件配置要低许多，可以更大程度地满足许多中、小企业的 PC 服务器配置需求。

微软于 2007 年 7 月推出的 Windows Vista 是 Windows 网络操作系统的最新版本。Vista 使用了 Windows 2003Server（SP1）的底层核心编码，并保留了 Windows XP 整体优良的特性，在稳定性、安全性、可靠性及多媒体互动体验等方面有明显改进和完善，使 Vista 系统成为当前应用于通信、娱乐、多媒体等多向支持的良好平台。由于采用即时开机、动态搜索、自动化的网络和设备连接等功能的优化，使 Windows Vista 比 Windows XP 更易于使用和操作。

2. NetWare 类

NetWare 操作系统虽然远不如早几年那么风光，在局域网中早已失去了当年雄霸一方的气势，但是 NetWare 操作系统仍以对网络硬件的要求较低（工作站只要是 286 机就可以了）而受到一些设备比较落后的中、小型企业，特别是学校的青睐。人们一时还忘不了它在无盘工作站组建方面的优势，还忘不了它那毫无过分需求的大度。且因为它兼容 DOS 命令，其应用环境与DOS 相似，经过长时间的发展，具有相当丰富的应用软件支持，技术完善、可靠。目前常用的版本有 V3.11、V3.12、V4.10、V4.11 和 V5.0 等中英文版本，NetWare 服务器对无盘站和游戏的支持较好，常用于教学网和游戏厅。目前这种操作系统的市场占有率呈下降趋势，这部分的市场主要被 Windows NT/2000 和 Linux 系统瓜分了。

3. UNIX 系统

目前常用的 UNIX 系统版本主要有：UNIXSUR4.0、HP－UX11.0、SUN的 Solaris8.0 等。支持网络文件系统服务，提供数据等应用，功能强大，由AT&T 公司和 SCO 公司推出。这种网络操作系统稳定性和安全性非常好。但它多数是以命令方式来进行操作的，不容易掌握，特别是初级用户。因此，小型局域网基本不使用 UNIX 作为网络操作系统，UNIX 一般用于大型的网站或大型的企、事业局域网中。UNIX 网络操作系统历史悠久，其良好的网络管理功能已为广大网络用户所接受，拥有丰富的应用软件的支持。UNIX 本是针对小型机主机环境开发的操作系统，是一种集中式分时多用户体系结构。因其体系结构不够合理，UNIX 的市场占有率呈下降趋势。

4. Linux

这是一种新型的网络操作系统，它的最大的特点就是源代码开放，可以免费得到许多应用程序。目前也有中文版本的 Linux，如 REDHAT（红帽子）、红旗 Linux 等。在国内得到了用户充分的肯定，主要体现在它的安全性和稳定性方面，它与 UNIX 有许多类似之处。目前这类操作系统主要应用于中、高档服务器中。

总的来说，对特定计算环境的支持使得每一个操作系统都有适合于自己的工作场合，这就是系统对特定计算环境的支持。例如，Windows 2000 Professional 适用于桌面计算机，Linux 目前较适用于小型的网络，而 Windows 2000Server 和 UNIX 则适用于大型服务器应用程序。因此，对于不同的网络应用，需要选择合适的网络操作系统。

第五节　计算机的数据库系统

一、数据库系统的基本概念

数据是用来记录信息的可识别的符号，是信息的具体表现形式。计算机应用都离不开数据处理，因此在计算机应用历史中，数据管理系统一直是研究的重点。随着人类生产生活和科学技术的发展，计算机应用面临着越来越多的问题和挑战。例如，银行、办公、交通售票、文献检索等各个领域的信息管理系统，随着处理的数据量不断增大，很多数据在程序运行结束后仍需长时间保存在计算机中，且同一数据可能被多种应用共享。如何更安全有效地管理这些应用系统的数据，现已成为一个重要的课题。

人们借助计算机进行数据管理虽是近 50 多年的事，但数据管理技术已经历了人工管理、文件系统和数据库系统 3 个发展阶段。20 世纪 50 年代中期以前，计算机主要用于科学计算，数据管理采用人工方式。20 世纪 50 年代后期到 60 年代中期，计算机已大量用于数据管理，操作系统中出现了专门的管理软件，一般称为文件系统，如 COBOL 语言、DOS 操作系统。文件管理系统的特点是：数据以文件形式组织，独立于程序存在。但由于数据冗余度高、管理能力不足、可用性和安全性差，难以支持文件共享等问题，文件管理系统无法满足大规模数据管理的需求。

20 世纪 60 年代后期以来，计算机用于管理的规模更加庞大，数据量急剧增长，硬件已有大容量磁盘，硬件价格下降；而软件价格上升，使得软件及应用程序的编制、维护成本相对增加。在这种情况下，为了解决文件系统的不足并满足日益发展的数据处理需求，数据库系统作为一种更合理的数据管理技术应运而生，用于统一管理数据。

数据库系统是指具有管理数据库功能的计算机系统。数据库系统一般由 4 个部分组成：

① 数据库（Data Base，DB）。

② 数据库管理系统（Data Base Management System，DBMS）。

③ 数据库管理员（Data Base Administrator，DBA）。

④ 用户和应用程序。

数据库，从字面上看就是存放数据的仓库。严格地说，数据库是存储在磁带、磁盘、光盘或其他外存介质上，按一定结构组织在一起，能为多个用户共享的相关数据的集合。数据库中存储的基本对象是数据，其特点是面向全局，共享性好，冗余度低。很多人对数据的第一印象是数字，但数字只是最简单的一种表现形式。广义上，数据的种类有很多，如文字、图像、声音等都可以转化为计算机可识别的标识，以二进制形式存入计算机。为了了解世界，人们需要描述各种事物。在日常生活中，人们可以直接用自然语言描述事物。在计算机中存储和处理时，需要抽取对这些事物感兴趣的特征，组成一个记录来描述。例如，企业或事业单位的人事部门需要管理职工的数据时，要抽象出职工的基本特征，如职工号、姓名、年龄、性别、籍贯、工资、简历等，而每个员工的数据组成一个记录。把这些记录存放在一张表格中，这张表就是一个数据库。有了这个"数据仓库"，可以根据需要随时查询某职工的基本情况，也可以查询工资在某个范围内的职工人数等。

在其他各个行业也需要建立众多这样的数据库，以实现计算机自动化管理。数据库管理员是专门负责建立、使用和维护数据库的人员。

数据库管理系统（DBMS）是数据库系统的核心组成部分，是对数据进行管理的大型系统软件，用户在数据库系统中的操作都是通过 DBMS 实现的。下面将重点介绍 DBMS。

数据库管理系统（DBMS）是整个数据库系统的核心。它是一组完成描述、管理、维护数据库的程序系统。借助 DBMS，用户可以方便地定义和操纵数据，维护数据的安全性和完整性，以及进行多用户下的并发控制和恢复数据库。DBMS 的主要作用是：

① 定义数据库的结构（如表、视图、索引、存储过程等）并定义数据的完整性约束和保密限制；

② 数据操纵（包括检索与数据存取等操作）；

③ 数据控制（包括安全性、完整性、并发性控制）；

④ 数据库的建立和维护（包括数据库整理、修改、重新定义等）。

DBMS 的核心在于数据库的运行管理。DBMS 通过对建立、运用和维护数据库过程的统一管理和控制，保证数据安全、正确、有效地运行。DBMS主要通过数据控制和数据库数据的系统备份与恢复等几个方面来实现对数据库的统一控制功能。

如果把数据比作货物，数据库比作一座装载"货物"的仓库，DBMS则是数据库管理员用来建立、使用和维护这座仓库的工具。它不仅提供了一套完整的规章制度，规定仓库的建筑结构、货物储存方式、货物流通通道、人员进出管制、安全保障机制等，让管理员日常工作时有据可循；同时它还全面提供了正确、安全、规范管理仓库的功能，例如，如何装入新的"货物"，修改和检索原有"货物"等。

二、数据库技术的发展及特点

数据库技术产生于 20 世纪 60 年代中期，由于其在商业领域的成功应用，自 20 世纪 80 年代后得到迅速推广。新的应用对数据库技术在数据存储和管理方面提出了更高的要求，从而进一步推动了数据库技术的发展。

数据库系统的核心和基础——数据模型的发展是推动数据库系统不断更新换代的关键。数据模型用数据的形式描述客观事物及其之间的联系，其发展可以分为 3 个阶段：第一阶段为格式化数据模型，包括层次数据模型和网状数据模型；第二阶段为关系数据模型；第三阶段则是以面向对象数据模型为代表的非传统数据模型。

根据上述数据模型的 3 个发展阶段，数据库系统也可以相应地划分为三代：第一代数据库系统为层次与网状数据库系统；第二代数据库系统为关系数据库系统；第三代数据库系统的发展呈现多元化的局面。

第一代的层次与网状数据库系统分别采用层次与网状数据模型。层次模型表现为树状结构，结构简单，容易实现，对于某些特定的应用系统效率很高，但如果需要进行增加或修改记录类型等操作时，效率并不高。此外，对于一些非层次性结构，层次模型表达得较为繁琐和不直观。

网状模型可以看作是层次模型的一种扩展。它采用网状结构表示客观事物及其之间的联系。与层次模型相比，网状模型提供了更大的灵活性，能更直接地描述现实世界，性能和效率也较好。但缺点是结构复杂，用户不易掌握，扩充和维护都较为繁琐。

第二代的关系数据库系统是目前最成熟也是应用最广泛的数据库系统，采用关系模型来表达数据。关系模型是目前应用最多、最为重要的一种数据模型，建立在严格的数学概念基础上，采用二维表格结构来表示客观事物及其之间的联系。二维表由行和列组成，概念清晰，结构简单，这种简单的数据结构却能够表达丰富的语义，描述现实世界的客观事物以及事物间的各种联系，用户比较容易理解；同时，关系模型也具有较好的数据独立性和安全保密性。

第三代数据库系统将数据库技术与其他相关技术相结合，这是当代数据库技术发展的主要特征之一。例如，将数据库技术与面向对象技术相结合的面向对象数据库系统，与计算机网络技术相结合的分布式数据库系统，与多媒体技术相结合的多媒体数据库系统等。

三、数据库语言

数据库系统有数据描述、操纵和控制语言，这些语言是数据库管理系统为用户维护和操作数据库中的数据提供的工具，是数据库管理系统的重要组成部分。

数据描述语言，或称数据定义语言，用于描述数据库中的数据、数据的逻辑结构、数据的物理结构以及它们之间的关系。

数据操纵语言是对数据库中数据进行存储、检索、修改和删除的语言，是使用数据库所必需的工具。任何数据库管理系统至少提供一种数据操纵语言。一般可分为两类：① 可独立使用的，主要提供查询功能，也称查询语言，有时还可包括数据存储、修改和删除功能；② 宿主型的，需要嵌入其他程序设计语言（如 COBOL、FORTRAN、PL/I、汇编语言）。

数据控制语言是数据库语言中提供数据控制功能的语句的总和，如控制用户对数据的存取权、控制数据完整性等。

关系数据库管理系统所提供的数据库语言，如 SQL 语言，具有定义、操纵和控制一体化的特征。SQL 全称为结构化查询语言（Structured Query Language），在 20 世纪 70 年代初首次提出关系模型。70 年代中期，IBM

公司在研制 SYSTEM R 关系数据库管理系统时开发了 SQL 语言，最早的 SQL 语言（称为 SEQUEL2）在 1976 年公布。1979 年，ORACLE 公司首先提供了商用的 SQL，IBM 公司在 DB2 和 SQL/DS 数据库系统中也实现了 SQL。1986 年 10 月，美国 ANSI 采用 SQL 作为关系数据库管理系统的标准语言（ANSI X3.135 – 1986），随后为国际标准化组织（ISO）采纳为国际标准。

SQL 是世界上最流行和标准化的关系数据库语言，广泛应用于各种数据库。无论是 Oracle、Sybase、Informix、SQL Server 这样的大型数据库管理系统，还是 Visual FoxPro、Access 这样的微型数据库管理系统，都支持 SQL 语言。SQL 语言之所以能够广泛地被用户和业界接受，成为国际标准，主要是因为它具备查询、操纵、定义和控制 4 个方面的功能，是一个综合的、通用的、功能强大且简捷易学的语言。

四、数据库系统的应用

近 30 年来，数据库技术不断发展，同时广泛应用于社会各行各业，领域不断扩展。目前，人们身边常见的绝大多数计算机应用系统都离不开数据库的支撑。例如，办公自动化管理系统可以实现收发文件管理、档案管理、个人办公、活动安排、会议管理、公共信息、报告管理等，实现办公的电子化和无纸化；学生收费系统能够实现档案管理、收费工作及收费资金结转的全面管理；智能交通管理系统能够实现道路交通管理、车辆安全控制、商用车管理、公共交通管理、紧急事件管理、电子付费、交通弱者援助服务、交通数据服务等功能。

数据库技术在不同领域的应用，也导致了一些新型数据库系统的出现，这些应用领域往往无法直接使用传统数据库系统来管理和处理其中的数据对象。

数据仓库（Data Warehouse）是一个面向主题的、集成的、相对稳定的、反映历史变化的数据集合，用于支持管理决策。数据仓库是一个环境，而非单一的产品，提供用户用于决策支持的当前和历史数据，这些数据在传统的操作型数据库中很难或根本无法获得。数据仓库技术的目的是为了让用户更快、更方便地查询所需信息，提供决策支持。

数据仓库系统已经成功应用到各种行业，为决策者提供有力的数据支持。例如，在电信行业，电信系统经过多年的运行，已经存储了大量的历史数据。数据仓库系统有助于从这些蕴含着丰富信息的数据中了解企业在电信市场经营中的态势、竞争对手的经营形势、客户群的分布状况、消费特征、企业经营发展的趋势等。强大的数据处理能力加上丰富的企业数据，可以有力地促进企业经营和竞争。在银行业，信用卡业务分析系统能够实现对成本收益、风险控制、绩效评估、客户管理、营销战略等决策目标的支持，并能够管理和控制风险、管理客户关系与个性化服务、分析商户与市场策略、控制费用与分析利润。

第六章　电子信息技术的应用

第一节　电子信息技术在电子商务中的应用

一、网络在电子商务中的作用

信息网络为各种思想文化的传播提供了更加便捷的渠道，大量的信息通过网络渗入到社会的各个角落，成为当今文化传播的重要手段。电子出版以光盘、磁盘、网络出版等多种形式，打破了以往信息媒体纸介质一统天下的局面。网络改变着人与人之间的交往方式，改变着人们的工作方式和生活方式，也对文化的发展产生深远的影响。

电子商务便是基于网络应用的各种技术在各行各业实施的全方位改造，为人们展示了一个全新、璀璨的世界。它是基于互联网的一种新的商业模式，其特征是商务活动在互联网上以数字化电子方式完成。

二、主要运用到的信息网络技术

（一）互联网网络技术的运用

虽然互联网技术不是电子商务的专门技术，但开展电子商务要以互联网网络平台为基础，电子商务发展的好坏与互联网网络技术有直接关系，因而互联网网络技术是电子商务相关的关键技术之一。

（二）Web 技术的运用

现在，Web 浏览技术已经广泛地运用于互联网，并被广大用户接受和使用。Web 服务器利用 HTTP 协议来传递 HTML 文件，Web 浏览器使用 HTTP 检索 HTML 文件。Web 浏览器从 Web 服务器上获取信息，然后以静态和交互方式呈现在用户眼前。电子商务仍然是一种商业模式，在进行电子商务过程中，需要在商家与客户以及其他相关角色之间交换各种信息，此时就要使用 Web 浏览技术。

（三）数据库技术的运用

在电子商务交易过程中，涉及商家、商品、客户、物流配送等大量的信息，这些信息都需要储存在数据库中。当前数据库管理系统已发展到相当成熟的阶段，能高效、高质、安全地管理数据。该技术包括数据模型、数据库系统、数据库系统建设、数据仓库、联机分析处理、数据挖掘技术等。

（四）电子支付技术的运用

电子支付是指在网上直接为所购商品付款。电子支付过程中的安全问题解决得好坏直接影响电子支付是否可以顺利进行。银行界普遍使用的有 SSL/TLS 和 SET 两种电子支付模式。从技术角度讲，SSL/TLS 不是支付协议而是会话层安全协议，用 SSL 协议进行电子支付是支付的双方利用 SSL 协议建立一个安全会话通道，在该安全通道中传送支付信息。当数据到达商家的 Web 站点时，所有信息被解密，是否将这些信息以安全格式存储由商家负责，用户不负责信息安全。SET 是以信用卡支付为基础的网上电子支付协议。使用 SET 协议进行电子支付可以确保接收信用卡的商家和信用卡的持有者都经过认证，是可信赖的。SET 协议仅对一些敏感信息加密而对其他信息不加密。

（五）信息安全技术的运用

由于现有计算机系统之间的网络通信大多采用 TCP/IP 协议，服务器也多为 Unix 或 Windows 操作系统，又由于 TCP/IP 和 Unix 都是以开放性著称的，易于互联和信息共享的设计思想贯穿于系统的方方面面，在访问控制、用户验证授权、实时、事后审计等安全方面考虑较少，这就给网络使用带来极大的安全隐患。

三、信息网络在电子商务应用的实例

（一）广告宣传

电子商务可凭借企业的 Web 服务器和客户的浏览，在互联网上发布各类商业信息。客户可借助网上的检索工具迅速地找到所需商品信息，而商家可利用网上主页和电子邮件在全球范围内做广告宣传。与以往的各类广告相比，网上的广告成本最为低廉，而给顾客的信息量却最为丰富。

（二）咨询洽谈

电子商务可借助非实时的电子邮件、新闻组和实时的讨论组来了解市场和商品信息、洽谈交易事务，如有进一步的需求，还可用网上的白板会议（white board conference）来交流即时的图形信息。网上的咨询和洽谈能超越人们面对面洽谈的限制，提供多种方便的异地交谈形式。

（三）网上订购

电子商务可借助 Web 中的邮件交互传送实现网上的订购，网上的订购通常都是在产品介绍的页面上提供十分友好的订购提示信息和订购交互格式框。当客户填完订购单后，通常系统会回复确认信息单来保证订购信息的收悉。订购信息也可采用加密的方式使客户和商家的商业信息不会泄漏。

（四）网上支付

电子商务要成为一个完整的过程，网上支付是重要的环节。客户和商家之间可采用信用卡账号进行支付。在网上直接采用电子支付手段可省略交易中很多人员的开销。网上支付需要更为可靠的信息传输安全性控制以防止欺骗、窃听、冒用等非法行为。

（五）电子账户

网上的支付必须有电子金融来支持，即银行或信用卡公司及保险公司等金融单位要为金融服务提供网上操作的服务。而电子账户管理是其基本的组成部分。

（六）服务传递

对于已付款的客户应将其订购的货物尽快地传递到他们的手中。而有些货物在本地，有些货物在异地，电子邮件将能在网络中进行物流的调配。而最适合在网上直接传递的货物是信息产品。

第二节 电子信息技术在医疗中的应用

一、医疗设备数字化

医疗设备中最具代表性的数字化技术是医学影像数字化技术、电生理参数检测与监护技术、临床检验数字化技术。

医学影像数字化技术主要是指医学影像以数字方式输出，直接利用计算机对影像数据快捷地进行存储、处理、传输和显示。比较成熟的医学影像数字化技术设备有：计算机断层扫描系统（CT）、多层螺旋 CT（MSCT）、磁共振成像（MRI）、正电子发射型计算机断层显像（PET－CT）、计算机放射摄影（CR）、数字放射摄影（DR）、数字减影血管造影（DSA）等，为介入治疗、心脏搭桥手术等高科技治疗手段的应用提供了良好的发展平台。医学图像归档和通信系统（PACS）是数字化医学影像系统的核心架构，是沟通医院影像设备和医生的桥梁，也是未来数字化医院的组成部分之一。

电生理技术是指以多种形式的能量刺激生物体，测量、记录和分析生物体发生的电现象（生物电）和生物体的电特性技术。临床检测中的脑电图（EEG）、肌电图（EMG）、脑阻抗血流图（REG）等均是电生理参数检测技术的典型应用。ICU 等监护室中的多导生理监护仪、24 h 动态监护仪、胎儿监护仪、睡眠监护仪等仪器都是电生理监护技术的成熟产品。

二、医疗机构信息化

（一）数字化医院

数字化医院通过宽带网络把数字化医疗设备、数字化医学影像系统和数字化医疗信息系统等全部临床作业过程纳入数字化网络中,实现资源整合和信息共享。它简化、加速了临床流程并实现了临床数据的在线存储和查询。临床信息系统结合医院管理信息系统(HMIS),两者融合在一起构成了一个完整的数字化医院。

(二)电子病历

从技术发展和应用内容上看,电子病历(EMR)应具备以下几个内涵:

(1)包含了患者的完整信息并能进行共享。

(2)能提供医疗提示和报警。

(3)能提供资料库支持。

电子病历的目标和意义并不在于要取代纸质病历。电子病历技术能带来的核心价值是实现医疗信息共享。

三、医疗诊断治疗远程化

远程医疗是医疗信息网络化的核心内容,其目标包括建立远程医疗诊断系统、会诊系统、教育系统和以家庭病床为目的的远程病床监护系统。远程医疗系统实际上是远程通信技术、医疗保健技术和信息技术的结合,这三大技术构成了远程医疗的支撑技术。

诊断和治疗一直是医学的核心内容,因此远程诊治实际上是远程医疗最重要的功能。通过远程通信网络,将患者的病理信息传送给医疗中心的医生,医生根据患者的病情给出相应的诊断和治疗意见。其中,远程会诊对传输的医学图像的质量要求较高,而远程会诊与远程咨询的主要区别在于前者一般为离线方式,而后者为在线的实时运作。远程监护是通过通信网络将患者端的生理信息和医学信号传送到监护中心进行分析,并给出诊断意见的一种远程医疗模式。

远程手术是指外科医生通过远程医疗通信设备在本地对一个遥远地方

的患者进行手术治疗。这种方式可在最短的时间内汇集外科专家共同攻克疑难手术，在一些微创外科手术中用更精密的仪器来代替人工操作以减小手术创伤，在放射性外科手术中对医生的健康加以保护。

第三节　电子信息技术在交通运输中的应用

一、电子信息技术在汽车上的应用

随着电子技术和计算机技术的飞速发展，以及人们对汽车性能和功能要求的不断提高，现代汽车正朝着电子化、智能化的方向发展。目前，汽车（尤其是轿车）上的电子部件越来越多，占汽车总成本的比例已达到 1/3，甚至更高。电子控制系统已经从局部控制发展到整车系统控制，实现了信息化、智能化和交通网络化。汽车信息化和智能化已成为当前汽车研究的重点，也是衡量各国汽车工业发展水平的重要标志。

汽车信息技术的应用基于全球定位系统（GPS）、地理信息系统（GIS）、移动通信网络以及国际网络传输控制 TCP/IP 等技术原理，可以在汽车上实现数据传递、语音通信、目标跟踪、自动报警以及各种公众信息和实用信息的服务功能。智能汽车（IV）是一个集环境感知、规划决策、多等级辅助驾驶等功能于一体的综合系统，它集中运用了计算机、人工智能与自动控制技术、现代传感技术、信息与通信等技术，是典型的高新技术综合体，是目前各国重点发展的智能交通系统的重要组成部分，也是世界车辆工程领域研究的热点和汽车工业增长的新动力。

（一）汽车电脑

现代汽车以计算机为控制中心，实现了高度自动化控制。汽车电脑（ECU）控制系统在硬件结构上一般由三部分组成：外部传感器、汽车电脑和执行机构。汽车电脑主要有输入接口、微处理器和输出接口。

汽车在运行时，各种传感器不断检测并获取汽车运行的工况信息，并将这些信息实时地通过输入接口传送给汽车电脑。汽车电脑接收到这些信息后，根据内部预先编写好的控制程序进行决策和处理，并通过其输出接口输出控制信号给相应的执行器，执行器接收到控制信号后执行相应的动作，实现预定的功能。

（二）底盘电子控制

电控自动变速器（ECVT）可以根据发动机的载荷、转速、车速、制动器工作状态及驾驶员所控制的各种参数，经过计算机的计算和判断后自动改变变速杆的位置，实现变速器换挡的最佳控制，从而获得最佳挡位和最佳换挡时间。它的优点是加速性能好、灵敏度高，能准确反映行驶负荷和道路条件等。传动系统的电子控制装置能够自动适应瞬时工况变化，保持发动机以尽可能低的转速工作。

防抱死制动系统（ABS）是开发时间最长、推广应用最迅速的重要安全性部件之一。它通过控制防止汽车制动时车轮抱死，确保车轮与地面达到最佳滑动率，从而使汽车在各种路面上制动时，车轮与地面都能达到纵向的峰值附着系数和较大的侧向附着系数，避免车辆制动时发生抱死拖滑、失去转向能力等不安全工况，提高汽车的操纵稳定性和安全性，缩短制动距离。

（三）电子转向助力系统

电子转向助力系统用直流电机代替传统的液压助力缸，由蓄电池和电动机提供动力。与传统的液压助力系统相比，这种微机控制的转向助力系统具有部件少、体积小、重量轻的特点，能够实现最优化的转向作用力和转向回正特性，提高汽车的转向能力和转向响应特性，增加汽车低速时的机动性和调整行驶时的稳定性。

（四）常速巡航自动控制系统

在高速长途行驶时，可以使用常速巡航自动控制系统（CCS）。恒速行驶装置将根据行车阻力自动调整节气门开度，驾驶员不必频繁踏油门以调整车速。

（五）发动机电子控制

发动机电子控制的目的是尽可能降低汽车尾气中有害物质的排放量，改善发动机运行的经济性，提高发动机的动力性。

（六）车身电子控制

随着高速公路和汽车电子工业的发展，人们对汽车的要求不仅限于实现基本的代步功能，还希望满足安全、舒适、自动等个性化需求。车身电子控制技术主要包括安全气囊、汽车空调、电动座椅、汽车防盗装置、电动门窗等。

（七）防碰撞警告与撞车通告系统

防碰撞警告与撞车通告系统利用雷达、声呐和激光波束扫描潜在的危险与障碍，在汽车即将发生撞车或交通事故时，发出紧急信号，避免事故的发生。同时，该系统还可以与全球定位系统（GPS）结合，在发生撞车或交通事故时，向救助机构提供车辆的精确位置信息，使急救中心能够快速到达现场实施救护。

（八）集成安全系统

集成安全系统由多种技术构成，包括电子设备、微控制器、传感器等技术与产品。该系统可以凭借先进的电子技术和集成技术，研制出适用于汽车驾驶各个环节的安全系统与设备，如安全带预张紧和过张紧装置、帘式头部气囊、自适应能量吸收转向柱、主动膝部保护装置等，为驾乘人员提供全面的防护。

（九）网络通信与电子导航系统

网络通信系统使驾驶员在眼不离前进方向、手不离方向盘的情况下，通过便携式电脑和无绳电话接收网络新闻、电子邮件等信息，这些信息可以通过声控语音系统传达给驾驶员。电子导航系统，也称为车载导航系统，利用全球定位系统（GPS）的导航功能，帮助驾驶人员在错综复杂的城市道路交通网络中选择最佳行驶路线，快速到达目的地。

（十）智能感知与预警系统

智能感知与预警系统利用各种传感器信息，获取汽车车身、行驶环境和驾驶员状态的感知，在必要时发出预警信息。该系统主要包括碰撞预警系统和驾驶员状态监测系统。碰撞预警系统包括前后方碰撞警告、车道偏离警告、盲点警告、换道和并道警告、十字路口警告、行人检测与警告等功能，以提高行车安全。

（十一）辅助驾驶与自动驾驶系统

辅助驾驶系统利用智能感知系统的信息进行决策规划，向驾驶员提出驾驶建议或部分代替驾驶员控制车辆。该系统主要包括巡航控制、车辆跟踪系统、准确泊车系统和精确机动系统。汽车自动驾驶系统由车载计算机全自动地实现车辆操纵，是智能车辆技术的最高层次，目前主要发展应用在拥挤交通状况下的低速自动驾驶系统、自主驾驶系统、近距离车辆排队驾驶系统等。

（十二）智能汽车的关键技术

机器视觉技术、雷达技术、磁性导航技术、高精度数字地图和卫星导航技术（GPS）是智能汽车的关键技术，这些技术的发展直接影响汽车智能化的进程。机器视觉技术是智能汽车领域发展最快的技术之一，主要用于道路路径的识别和跟踪，与其他传感器相比，机器视觉具有检测信息量大、能够遥测等优点。

（十三）多媒体娱乐与通信系统

随着社会的发展和信息网络时代的到来，人们希望汽车不仅仅是一种代步工具，而是生活及工作范围的延伸。在汽车上，人们希望能够像在办公室和家里一样收听广播、打电话、上网、处理工作。随着数字技术的进步，汽车将步入多媒体时代。利用 Windows 操作系统开发的车载计算机多媒体系统，驾驶员可将行车的目的地输入汽车电脑，汽车将沿着最佳行车路线行驶到达目的地。人们可以通过语音识别系统操纵车内的各种设施，一边驾驶汽车，一边欣赏音乐电视，还可上网预订餐厅、机票等。

二、电子信息技术在智能交通系统中的应用

智能交通是一个基于现代电子信息技术的交通运输服务系统。其核心特点是以信息的收集、处理、发布、交换、分析、利用为主线，为交通参与者提供多样化的服务。21 世纪将是公路交通智能化的世纪，人们将采用的智能交通系统是一种先进的一体化交通综合管理系统。在该系统中，车辆靠自身的智能在道路上自由行驶，公路则通过自身的智能将交通流量调整至最佳状态。借助这一系统，管理人员能够全面掌握道路和车辆的行踪。

智能交通的应用领域非常广泛。在我国，智能交通最早出现、应用最广泛、最常见的领域是全球定位系统（GPS）。GPS 是在"子午仪卫星导航定位"技术基础上发展起来的，具有全球性、全能性（陆地、海洋、航空与航天）、全天候优势的导航定位、定时、测速系统。它由空间卫星系统、地面监控系统和用户接收系统三大子系统构成。

简而言之，全球定位系统由覆盖全球的 24 颗卫星组成。该系统确保在任意时刻，地球上任意一点都能同时观测到 4 颗卫星，从而保证卫星能够采集到该观测点的经纬度和高度，实现导航、定位、授时等功能。GPS 最初开发的目的是为陆、海、空三大领域提供实时、全天候和全球性的导航服务，并用于情报收集、核爆监测、应急通信等军事目的。

全球定位系统在汽车导航和交通管理中的应用尤为突出。三维导航是 GPS 的首要功能，飞机、船舶、地面车辆以及步行者均可利用 GPS 导航接收器进行导航。汽车导航系统是在 GPS 基础上发展起来的一项新技术，其功能包括以下几个方面：

（1）车辆跟踪：利用 GPS 和电子地图，可以实时显示车辆的实际位置，并支持放大、缩小、还原、换图等功能。目标车辆可以始终保持在屏幕上，实现多窗口、多车辆、多屏幕同时跟踪。该功能可用于对重要车辆和货物的跟踪运输。

（2）出行路线规划和导航：汽车导航系统的一项重要功能是规划出行路线，包括自动线路规划。驾驶员确定起点和终点后，计算机软件会自动设计最佳行驶路线，如最快的路线、最简单的路线、通过高速公路次数最少的路线等。

（3）信息查询：系统为用户提供主要物标（如旅游景点、宾馆、医院等）的数据库，用户可以在电子地图上根据需要进行查询。查询结果以文字、语音或图像形式显示，并在电子地图上标注位置。监测中心也可以通过控制台查询区域内任意目标的位置，车辆信息将以数字形式显示在控制中心的电子地图上。

（4）话务指挥：指挥中心可以监测区域内车辆的运行状况，并对被监控车辆进行合理调度。指挥中心还可以随时与被跟踪目标通话，进行管理。

（5）紧急援助：通过 GPS 和监控管理系统，可以对遇险或发生事故的车辆进行紧急援助。监控台的电子地图可显示求助信息和报警目标，规划最优援助方案，并通过报警声、光提醒值班人员进行应急处理。

第四节　电子信息技术在工业中的应用

一、工业自动化

工业自动化技术是一种运用控制理论、仪器仪表、计算机和其他信息技术，对工业生产过程进行检测、控制、优化、调度、管理和决策的综合性高技术。其目的是增加产量、提高质量、降低消耗、确保安全等，涵盖工业自动化软件、硬件和系统三大部分。作为 20 世纪现代制造领域中最重要的技术之一，工业自动化技术主要解决生产效率与一致性问题。无论是高速大批量制造企业，还是追求灵活、柔性和定制化的企业，都必须依靠自动化技术。

自动化系统本身并不直接创造效益，但它对企业生产过程的提升作用显著：提高生产过程的安全性，提高生产效率，提高产品质量，减少生产过程的原材料和能源消耗。

在工业自动化领域，传统的控制系统经历了基地式气动仪表控制系统、电动单元组合式模拟仪表控制系统、集中式数字控制系统和集散控制系统（DCS）的发展历程。近年来，随着控制技术、计算机技术、通信技术、网络技术等的发展，信息交互的范围迅速覆盖从工厂的现场设备层到控制、管理各个层次。工业控制系统是对工业生产过程及其机电设备、工艺装备进行测量与控制的自动化技术工具（包括自动测量仪表、控制装置）的总称。现代对自动化的理解已转变为：利用广义的机器（包括计算机）部分代替或完全取代或超越人的体力。

工业自动化系统通常分为五级：企业管理级、生产管理级、过程控制级、设备控制级和检测驱动级。前两级管理级涉及的高新技术主要是计算机技术、软件技术、网络技术和信息技术；过程控制级涉及的高新技术主要是智能控制技术和工程方法；设备控制级和检测驱动级涉及的高新技术主要是三电一体化技术、现场总线技术和新器件交流数字调速技术。上述五级也可归纳为企业管理决策系统层（ERP）、生产执行系统层（MES）和过程控制系统层（PCS）三层结构，以及计算机支撑系统（企业网络、数据库），实现系统集成，从而实现企业的物流、资金流、信息流的集成，提升企业竞争力。

二、智能电网

智能电网是经济和技术发展的必然结果，具体是指利用先进技术提高电力系统在能源转换效率、电能利用率、供电质量和可靠性等方面的性能。智能电网的基础是分布式数据传输、计算和控制技术，以及多个供电单元之间数据和控制命令的有效传输技术。

针对智能电网技术，西方国家已形成强大的研究群体，研究内容覆盖发电、输电、配电、售电等环节。许多电力企业正积极开展智能电网建设实践，通过技术与业务的有效结合，使智能电网建设在企业生产经营过程中切实发挥作用，最终提高运营绩效。在宏观政策层面，电力行业需满足建设资源节约型和环境友好型社会的要求；在市场化改革层面，电能交易手段与定价方式正在改变，市场供需双方的互动将越来越频繁，电网必须能够灵活支持各种电能交易。

智能电网的特点如下：

（一）智能电网是自愈电网

自愈是指将电网中有问题的元件从系统中隔离出来，并在很少或无人干预的情况下，使系统迅速恢复到正常运行状态，从而几乎不中断对用户的供电服务。从本质上讲，自愈是智能电网的免疫系统，这是智能电网最重要的特征。

（二）智能电网激励和包容用户

在智能电网中，用户是电力系统不可分割的一部分。鼓励和促进用户参与电力系统的运行和管理是智能电网的另一个重要特征。从智能电网的角度看，用户的需求是一种可管理的资源，有助于平衡供求关系，确保系统可靠性。从用户的角度看，电力消费是一种经济选择，通过参与电网的运行和管理，修正其使用和购买电力的方式，从而获得实际利益。

（三）智能电网具有抵御攻击的能力

提高电网安全性是智能电网的重要目标。智能电网通过增强抗攻击能力，能够从供电中断故障中快速恢复供电。智能电网不仅展示在被攻击后快速恢复的能力，甚至能够反击那些决心坚定和装备精良的攻击者。智能电网的设计和运行具有阻止攻击的能力，最大限度地降低损失并快速恢复供电服务。此外，智能电网能够同时承受对电力系统多个部分的攻击和一段时间内多重协调的攻击。

智能电网的安全策略包含威慑、预防、检测和反应，旨在尽量减少和减轻对电网的影响。面对重大威胁，无论是物理攻击还是网络攻击，智能电网通过加强电力企业与政府之间的沟通，在电网规划中强调安全风险，加强网络安全，提高智能电网抵御风险的能力。

（四）智能电网提供满足 21 世纪用户需求的电能质量

电能质量指标包括电压偏移、频率偏移、三相平衡、谐波、闪变、电压骤降和骤升等。用电设备的数字化对电能质量越来越敏感，电能质量问题可能导致生产线停产，对社会经济发展造成重大损失。因此，提供满足 21 世纪用户需求的电能质量是智能电网的重要特征。

智能电网将以不同的价格水平提供不同等级的电能质量，以满足用户对不同电能质量水平的需求，并将优质优价写入电力服务合同。智能电网将减轻来自输电和配电系统中的电能质量事件。通过先进的电网监控系统，快速诊断并准确提出解决任何电能质量事件的方案。

（五）智能电网容许各种不同类型发电和储能系统接入

智能电网将安全、无缝地容许各种不同类型的发电和储能系统接入系统，简化联网过程，类似于即插即用，这对电网提出了严峻挑战。改进的互联标准将使各种各样的发电和储能系统易于接入。各种不同容量的发电和储能在所有电压等级上都可以互联，包括分布式电源（如光伏发电、风电、先进的电池系统、即插式混合动力汽车和燃料电池）。

商业用户安装自己的发电设备（包括高效热电联产装置）和电力储能设施将变得更加容易和更有利可图。在智能电网中，大型集中式发电厂（包括环境友好型电源，如风电、大型太阳能电厂和核电厂）将继续发挥重要作用。

（六）智能电网促进电力市场蓬勃发展

在智能电网中，先进的设备和广泛的通信系统在每个时间段内支持市场运作，并为市场参与者提供充分数据。因此，电力市场的基础设施及其技术支持系统是电力市场蓬勃发展的关键因素。

智能电网通过市场上供给和需求的互动，最有效地管理诸如能源、容量、容量变化率、潮流阻塞等参量，降低潮流阻塞，扩大市场，汇集更多买家和卖家。用户通过实时报价感受价格增长，从而降低电力需求，推动成本更低的解决方案和新技术的开发，新型洁净能源产品也将给市场提供更多选择机会。

（七）智能电网使运行更加高效

智能电网优化其电网资产的管理和运行，以实现以最低成本提供所期望的功能。这并不意味着资产将被持续使用到极限，而是有效地管理需要什么资产以及何时需要，每个资产与其他资产进行良好整合，以最大限度地发挥功能，同时降低成本。

智能电网将应用最新技术以优化资产应用。例如，通过动态评估技术使资产发挥其最佳能力，通过连续监测和评价其能力，使资产能够在更大负荷下使用。

（八）智能电网高速通信在线监测

智能电网通过高速通信网络实现对运行设备的在线状态监测，以获取设备运行状态信息，在最合适的时间给出需要维修设备的信号，实现设备的状态检修，同时使设备运行在最佳状态。系统控制装置可以调整到降低损耗和消除阻塞的状态。通过对系统控制装置的调整，选择最低成本的能源输送系统，可以提高运行效率。最佳容量、最佳状态和最佳运行将降低电网运行费用。

第五节　电子信息技术在农业现代化中的应用

一、电子信息技术在农业机械化中的应用

近年来，农业机械装备正迅速吸收和应用电子信息科技。我国农业尚处于逐步推进基本农业机械化的发展阶段，为了提高我国大中型农业装备产品在国际市场上的竞争力，需要科研与技术人员在学习和研究发达国家先进经验的基础上，加速推进高新技术在规模化农业和农业机械化服务产业中的应用，以实现我国农业机械电子信息化技术的跨越式发展。

电子信息技术在农业机械装备中应用的发展趋势，标志着农业机械化技术发展中的新里程碑。电子信息技术使一些农业装置具有智能化特征，使系统各控制单元间可以相互通信，促进了支持基于信息和知识的精细农业应用

的智能化变量作业农业机械的研究与开发。

（一）电子信息技术应用于农业机械的作用

迄今为止，电子信息技术用于农业机械装备上的技术创新，可概括为以下几个方面：

（1）提高机械作业的技术性能，包括过程监控、控制、诊断和通信。

（2）节本增效和环境友好的农作，可节约化肥、农药、水资源和燃料消耗，降低作业成本；有利于保护生态环境，减少土壤、水体、动植物遭受的污染。

（3）实现过程的精确操作，及时获取过程信息，使农业机械能精确执行过程控制指令。

（4）改善劳动者的操作条件，通过良好的人机接口设计，实现操作的方便、安全、舒适。

（5）发展基于卫星定位系统的农机作业田间导航、定位变量作业的智能控制农业机械，实现场管理信息系统与田间移动作业机械间的无线通信与机群调度，支持农田作业的科学管理决策等。

（二）智能化农业机械的发展方向

智能化农业机械需要不同类型的采集传感器、适于农业机械工作环境和结构设计的控制执行器、高性能的电子控制器和相应的软件支持，需要建立拖拉机及其他农业机械各部件电子控制单元间的通信、接口设计标准。这些都需要机械、电子、信息管理等多种学科的集成支持。

1. 农业机械电子化正向网络化、智能化、分布式控制技术方向发展

一台大型复杂农业机械，已安装了若干个标准的电子控制单元，实际上已是一个带有独立处理信息与控制功能的计算机智能控制终端。机器的若干重要部件采用了独立的带微处理器的电子控制单元，由设置于驾驶

室带液晶显示的用户总线虚拟仪器终端控制器进行作业工况的显示和输入控制指令。机组上所有独立的电子控制设备均具有标准的输入/输出接口，挂接到标准总线上按规定协议进行通信和控制。总线上还留有插接端口，可与外部计算机连接，对总线系统设备进行诊断或实施系统扩展。农业机械机组的电子控制单元，正由早期的专用控制器设计向通用控制器方向发展。

2. 农业机械间的总线通信技术

各种农业机械上应用的智能化电子控制单元的发展，使其接口的通用化、标准化设计变得日益重要。通常在拖拉机和联合收割机的驾驶室内，安装可以与不同机型配套的通用型智能显示终端。各种机器部件或不同形式的农业机械电子控制单元（ECU）被设计成具有与总线挂接的标准接口，使得机组上各个相对独立的电子控制单元间均可与中央控制器及显示单元交换信息，接受控制指令，也可在各个农机具或部件的电子控制单元之间传输和交换数据信息，实现拖拉机与农机具间、农机具相互间和拖拉机中央控制器与农场计算机之间的串行通信。

3. 人机接口技术

农业机械在作业中，需要人来操纵和控制。传统驾驶室中的仪表盘正迅速被电子监视仪表取代，并逐步由单一参数显示方式向智能化信息显示终端过渡，从而大大改善了人机交互界面。虚拟化仪器显示终端可在屏幕上按操作者需求，通过屏幕任意选择显示机组中不同部分的终端信息，调用数据库信息，显示数据、图形、语音等多媒体信息。此外，可将数据信息动态存入信用卡大小的高密度智能化数据存储卡，将田间记录的数据信息通过智能卡带回办公室，由计算机应用高级软件进行处理。也可以将管理者的决策和操作指令通过智能卡传送到农业机械上的智能控制终端，自动控制农业机械的操作。

4. 农业机械化中的机群调度与管理决策支持技术

欧洲一些大农场,已开始建立和使用农场办公室计算机与移动作业机械间通过无线通信进行数据交换的管理信息系统。这使得农场管理调度中心计算机可以直接调用各个田间作业机械智能终端存储的作业数据,存入农场计算机的数据库中。由于农场计算机具有比移动作业机械强大得多的信息存储、处理功能,并具备专家知识库和管理决策支持系统,通过计算机处理后,制定详细的农事操作方案和导航作业计划,通过无线通信数据链路传回到田间移动作业机械。机器发生故障时,操作者也可调用具有强大分析功能的办公室计算机诊断处理程序。现代通信技术的成果已开始应用于农业机械化作业的远程管理中。

二、电子信息技术在农业信息化中的应用

(一)农业信息化概述

农业信息化是指在农业领域充分利用信息技术的方法、手段和最新成果的过程。具体而言,农业信息化就是在农业生产、流通、消费,以及农村经济、社会、技术等各环节全面运用现代信息技术和智能工具,实现农业生产经营、农产品营销、农产品消费的科学化和智能化。

农业信息技术是现代信息技术和农业产业相结合的产物,是计算机、信息存储与处理、通信、网络、人工智能、多媒体、全球定位、地理信息系统等技术在农业领域的移植、消化、吸收和集成的结果,是系统、高效地开发和利用农业信息资源的有效手段。

农业信息化的作用在于推动传统农业向现代农业转化,对农业可持续发展具有重要作用,增强农业生产管理的科学化,提高市场竞争能力,减少经营风险,有利于农业新技术的研究和推广,提升农村综合信息服务能力。农

业信息技术主要以传感、通信和计算机技术为主，实现农业生产活动有关的信息采集、数据处理、判译分析、存储、传输和应用为一体的集成农业技术。其包括农业数据库技术、农业信息管理技术、农业专家系统、农业决策支持系统、农业模拟模型技术（作物生理生态模型、虚拟植物模型）、精确农业、"3S" 技术和农业虚拟技术。

农业物流信息技术包括计算机网络技术、数据库技术、数据挖掘技术、条形码与射频技术、电子数据交换、地理信息系统、全球定位技术等，形成了农产品从移动通信、资源管理、监控调度管理、自动化仓库管理、业务管理、客户管理、财务管理等多种业务集成的一体化的现代农业物流信息系统。

信息采集技术通过遥感系统、全球定位系统、地理信息系统、地面自动化实测技术对农业生产过程中的各种农业信息进行实时采集。信息传输技术通过通信技术、地理信息系统技术等将采集到的各种农业信息，通过接口，高速度、高质量、准确及时、安全可靠地实时传输至农业信息系统，实现农业信息系统资料的及时更新。信息处理技术通过数据处理技术、模拟模型技术、虚拟现实技术和地理信息系统技术等对农业信息按利用目的的需求进行处理分析，给出指导农业经营和生产的有用信息，为农业发展提供咨询服务和决策支持。信息管理技术以计算机网络技术为基础，充分利用数据库管理技术、地理信息系统技术对农业资料、图像、文档等信息进行统一管理，并实现信息资源共享。信息服务技术通过多种服务方式，将农业信息产品快速、准确地服务于用户。信息应用技术根据农业生产活动和环境资源信息处理结果，利用控制技术实时确定农业生产管理控制，通过智能化的农业机具及设备控制具体实施。

（二）现代农业信息技术应用

1. 农业数据库

农业数据库是一个装载数据的"仓库"。数据库是经过加工集成的数据，专门设计用于最终用户的分析处理。农业数据库系统包含的内容非常广泛，例如农业气候数据库、土壤信息数据库、农作物品种资源数据库、农业技术信息数据库、农产品及农业生产资料市场信息数据库等。

2. 农业管理信息系统

农业管理信息系统（Agricultural Management Information System，AMIS）是一般管理信息系统在农业中的应用，其概念和含义无本质差异。农业管理信息系统的主要功能包括：

（1）信息管理功能，收集、管理农村经济信息，完成日常的农村经济管理工作等。

（2）自诊断功能，主要对农村经济信息进行深度加工，为决策者提供科学依据。

（3）开发功能，为实现农村经济管理的总体目标，信息系统应具备相应的手段。

（4）输出功能，为用户提供有效信息的输出，为区域研究、规划和决策提供各种类型的工作资料。

3. 农业专家系统

专家系统是一个具有与人类专家同等解决问题能力的智能程序系统。农业专家系统是一个具有大量农业专家知识与经验的计算机程序系统，它应用人工智能技术，根据一个或多个农业专家提供的特殊领域知识、经验进行推理和判断，像人类专家那样解决农业中复杂问题并进行决策。

农业专家系统的功能包括：

（1）存储解决农业生产问题所需的知识。

（2）存储解决具体农业生产问题的原始数据和推理过程中涉及的各种信息、目标、假设等。

（3）根据当前输入的数据、结论或系统自身行为做出必要的解释。

（4）对推理过程、结论或系统自身行为做出必要的解释。

（5）提供知识获取、机器学习，以及知识库的修改、扩充、完善等维护手段。

（6）提供用户接口，便于用户使用，分析和理解用户的各种要求和请求。

农业专家系统应用于以下领域：育种管理、灌溉管理、施肥管理、作物栽培管理、植物保护、水产养殖等。

4. 农业决策支持系统

决策支持系统（Decision Support System，DSS）是利用知识和数学模型，通过计算机分析或模拟，协助解决多样化和不确定性问题（如对计划、管理、调度、作战指挥、方案寻优等应用问题）进行辅助决策的计算机程序系统。

决策支持系统的主要功能包括：

（1）决策目标、参数和概率的规定；

（2）数据检索和管理；

（3）决策方案的生成；

（4）决策方案后果的推理；

（5）方案后果的评价；

（6）决策的解释和执行；

（7）战略构成。

决策支持系统的典型结构一般包括交互语言系统、问题求解系统，以及数据库、模型库、方法库、知识库管理系统组成。

5. 农业虚拟技术

农业虚拟技术利用计算机虚拟现实技术、仿真技术、多媒体技术建立数学模型定量而系统地描述作物生长发育、器官建成、产量形成等生理生态过程与环境之间的相互作用的数量关系，在此基础上，设计出虚拟作物、畜禽，从遗传学角度定向培育农作物，改变传统的育种和科研方式。

6. 精确农业与"3S"技术

精确农业是利用全球定位系统（GPS）、地理信息系统（GIS）、连续数据采集传感器（CDS）、遥感（RS）、变率处理设备（VRT）、决策支持系统（DSS）等现代高新技术，与农学、土壤、植物保护等学科相结合，获取农田小区作物产量和影响作物生长环境因素、实际存在的空间及时间差异性信息，分析影响小区产量差异的原因，并采取技术上可行、经济上有效的调控措施，区分对待不同农田小区，按需实施定位调控的"处方农业"。精确农业能够在提高经济效益的同时实现对环境的保护。

精确农业的核心理论是基于田区差异的变量投入和最大的收益、最小的环境危害。

精确农业的三个精确包括：

（1）定位精确，即精确地确定灌溉、施肥、杀虫等的地点；

（2）定量精确，即精确地确定水、农药、肥、种子等的施用量；

（3）定时精确，即精确地确定各种农艺措施实施的时间。

精确农业的技术体系包括地理信息系统、遥感技术、全球定位技术、决策支持技术、变量投入技术。

三、电子信息技术在新农村建设中的应用

建设"生产发展，生活宽裕，乡风文明，村容整洁，管理民主"的社会主义新农村是我国现代化进程中的重大历史任务，任务的关键是提高农村的生产力水平。而拓展农村的信息渠道，加快农业科技的发展是发展生产力的核心。

面对这样的新形势，信息技术将发挥其强大作用。网络的普及性、便利性和资源共享性使跨行业交流、跨区域合作、跨领域研究更为便捷。计算机

软件的灵活性、强大的数据采集功能和大容量的数据库使科技资源的整合更快速、更准确、更全面。网络的传播性使科技成果推广更迅速。可以说，信息技术的加入加快了现代农业产业技术体系的建设，缩短了技术成果从科研到应用的周期。

目前，农村各项管理系统还没有实现完全自动化和网络化。如果能够建立一个网络平台，将农村的人口、财务、村务、党务、政务、资源、社会事务等数据信息进行统计上网，将国家政策、通知公告、资源调配等消息上网公布，这样既有利于管理部门的统一管理，又做到了党政信息的公开透明。同时，联系气象、农业科学站、医疗机构、供电系统、信用合作社、农产品销售团体等机构，将有关信息发布到网上，从而使农民及时掌握第一手资料。这样的一个综合事务管理平台将现代化信息技术引入农村管理，将为社会主义新农村建设提供创新与发展的依据，并且这样的网络平台是能够实现的。

面对我国农业网络时代的到来，农业电子商务网站建设应该把网站的建设目标定位在从事与农业有关的企业、广大农村市场和农村家庭以及农业技术推广人员身上。我国已建立了多家农业相关的网络网站，包括政府、科研院所、科技出版、农业信息商务活动等，企业网站占一半左右，县级以上政府部门主办的农业网站有多家，集中在江苏、广东、河北等省份，科研院所网站和商务类综合网站也各有多家。

第七章 电子信息技术未来发展方向与趋势

21世纪是电子信息时代，潮流的发展是向着电子技术方向迈进，正以惊人的速度渗透到科学技术的各个领域，创造出迥异于以往的社会和生活景象。下面分别阐述电子技术在不同领域的发展前景与趋势。

第一节 电子信息技术发展史及现代电子技术基础

一、电子技术发展史上的一座里程碑——晶体管问世

晶体管的出现，是电子技术发展史上一座重要的里程碑。与电子管相比，晶体管具有以下优越性：

① 晶体管的构件没有消耗。电子管的阴极原子会因变化和慢性漏气逐渐劣化，而晶体管通过材料和技术的进步，寿命一般比电子管长100~1 000倍，具有"永久性器件"的美誉。

② 晶体管的能耗极低，仅为电子管的1/10或更少，不需要加热灯丝。因此，晶体管收音机只需几节干电池就能使用半年甚至更久，这在电子管收音机中是难以实现的。

③ 晶体管无需预热，开机即可工作，如晶体管收音机和电视机，开机后立即能听到声音或看到画面，而电子管设备则需要预热时间。

④ 晶体管结实可靠，耐冲击、耐振动，可靠性比电子管高 100 倍。此外，晶体管体积小，热量少，适合设计小型、复杂、可靠的电路，制造工艺虽精密但工序简便，有利于提高元器件的安装密度。

晶体管的这些优越性使其广泛应用于工农业生产、国防建设和日常生活。1953 年，首批晶体管收音机上市后广受欢迎，促使厂商竞相研发短波晶体管，进一步推动了袖珍晶体管收音机的普及。

硅晶体管因适合高温工作、耐大气影响，成为电子工业中的热门产品。至 1967 年，电子测量装置和电视摄像机若未"晶体管化"，几乎无法销售。轻便收发机和车载发射机也广泛采用晶体管技术。此外，晶体管还适用于开关和第二代计算机基本元件，甚至用于制造红外探测器和太阳能电池，后者是太空人造卫星的关键电源。晶体管还推动了缝纫机、电钻和荧光灯的电子控制。

1950—1960 年间，世界主要工业国家投入巨额资金用于晶体管和半导体器件的研发和生产。例如，通过在锗或硅中添加杂质提高导电性，但必须在一定的温度下进行，且温度超过 75 ℃时晶体管会失效。为此，政府和工业界投入大量资金攻克技术难关，最终掌握了高熔点材料的提纯、熔炼和扩散技术。晶体管在军事和航天领域的应用日益重要，各国为争夺电子技术优势展开激烈竞争，推动了电子设备小型化和高性能化。

自 1904 年弗莱明发明真空二极管、1906 年德福雷斯特发明真空三极管以来，电子学迅速发展。但电子学真正突飞猛进始于晶体管的发明，特别是 PN 结型晶体管的出现，开辟了电子器件的新纪元，引发了一场电子技术的革命。晶体管工业以迅猛之势取代了电子管工业的地位，成为电子技术领域的领导者。

二、现代电子技术基础

电子管的发明使电子设备发生革命性变化，但电子管体积大、易碎、能耗高且不可靠。晶体管的问世解决了这些问题，被誉为 20 世纪最伟大的发明之一。然而，单个晶体管仍无法满足飞速发展的电子技术需求。随着电子设备应用的复杂化，所需的电子器件数量大幅增加。

1960 年，通用型号计算机包含 10 万个二极管和 2.5 万个晶体管，复杂设备甚至需要上百万个晶体管。一个晶体管有 3 条引脚，复杂设备可能有数百万个焊接点，稍有差错就会导致故障。为提高设备的可靠性、缩小体积和重量，电子技术领域亟需新的突破。在此背景下，集成电路应运而生。集成电路在极小的半导体晶片上集成了成千上万的晶体管、电阻、电容及连接线，是材料、元件、晶体管的有机结合。

集成电路的诞生离不开晶体管技术，没有晶体管就没有集成电路。集成电路实际上是晶体管技术，特别是外延平面晶体管制造工艺的延伸。微电子技术的进步大幅降低了晶体管成本，1960 年生产一只晶体管需 10 美元，如今集成电路中的晶体管成本不到 1 美分，使其应用更为广泛。

微电子技术通过微型化、自动化、计算机化和机器人化，深刻改变了人类生活，影响着劳动生产、家庭、政治、科学、战争与和平等多个领域。

第二节　21 世纪微电子技术的发展趋势

综观人类社会发展的文明史，一切生产方式和生活方式的重大变革都是由于新的科学发明和新技术的产生而引发的，科学技术是革命的力量，推动着社会向前发展。当前，我们正经历着一场新的技术革命，虽然它包含了新材料、新能源、生物工程、海洋工程、航空航天技术和电子信息技术等领域，但其中影响最大、渗透性最强、最具代表性的，是以微电子技术为核心的电子信息技术。信息是继材料和能源之后的第三大资源，是人类物质文明与精神文明赖以发展的三大支柱之一。目前，我们正处在一场跨越时空的新的信息网络革命中，特别是 20 世纪 90 年代出现的信息高速公路，它将比历史上的任何一次技术革命对社会经济、政治、文化等带来的冲击更为巨大，它将改变我们的生产方式、生活方式、工作方式及治理国家的方式。

一、微电子技术发展基础

实现社会信息化的关键是各种计算机和通讯机，而其基础都是微电子技术。1946 年 2 月，在美国宾夕法尼亚大学，第一台名为 ENIAC 的计算机问世。ENIAC 是一个庞然大物，它由 1.8 万个电子管组成，占地 150 m^2，重达 30 t，耗电 140 kW，足以发动一辆机动车。然而，它的运行速度只有每秒 5 000 次运算，存储容量只有千位，且平均稳定运行时间只有 7 分钟。正是由于集成电路的发明以及后来从小规模、中规模、大规模、超大规模，直到甚大规模集成电路的层出不穷、世代更迭，才出现了今天以微电子技术为基础的电子信息技术和产业。现在，电子信息技术已经广泛地应用于国民经济、国防建设，乃至家庭生活的各个方面。集成电路产值以年均 13%以上的增长率，集成度以 46%的年增长率持续发展，世界上还没有一个产业能以这样高的速度持续增长。正因为微电子具有如此广阔的领域和强大的社会影响力，人们对微电子今后的发展趋势越来越关注。

二、微电子技术的三个发展方向

21 世纪是名副其实的信息化世纪，电子信息产业成为世界第一大产业。21 世纪初，微电子技术主要有以下三个发展方向：

第一，将以硅基 CMOS 电路为主流工艺。微电子技术发展的目标是不断地提高系统的性能及性价比，因此要求提高芯片的集成度。这是不断缩小半导体器件特征尺寸的动力源泉。以 MOS 技术为例，沟道长度缩小可以提高集成电路的速度，同时缩小沟道的长度和宽度还可以减少器件尺寸，提高集成度，从而在芯片上集成更多数目的晶体管，将结构更加复杂、性能更加完善的电子系统集成在一个芯片上。另外，随着集成度的提高，系统的速度和可靠性也大大提高，价格大幅度下降。由于片内信息的延迟远小于芯片间的信号延迟，这样在缩小后，即使器件本身的性能没有提高，整个集成系统的性能也会得到很大提高。也就是说，在 21 世纪的前半叶，微电子产业仍将以尺寸不断缩小的硅基 CMOS 工艺技术为主流。

第二，集成系统是 21 世纪初微电子技术发展的重点。迄今为止，微电子芯片一直是以集成电路（IC）为基础进行的，然后再利用这些 IC 芯片通过印刷电路板等技术实现完整的系统。而信息系统的发展趋势是高速度、低功耗、低电压和多媒体、网络化、移动化，这就要求系统能够快速地处理各种复杂的智能问题。在传统的信息系统中，尽管 IC 芯片的速度可以很高、功耗可以很小，但由于印刷电路板中 IC 芯片之间的延时、印刷电路板的可靠性以及重量等因素的限制，使整个系统集成在一个或几个芯片上，从而构成系统芯片的集成系统概念。同时，飞速发展的集成电路技术已经可以在一个芯片上集成高达 10^8 至 10^9 个晶体管，21 世纪的微电子技术将从目前的 3 G 逐步发展到 3 T（即存储容量由 G 位发展到 T 位、集成电路器件的速度由 GHz 发展到 THz、数据传输速度由 Gbps 发展到 Tbps），从而为集成系统的快速发展奠定基础。微电子技术从 IC 向系统芯片（System on Chip，SoC）转变不仅是一种概念上的突破，同时也是信息技术发展的必然结果，它必将导致又一次以微电子技术为基础的信息技术革命。目前，SoC 技术已经崭露头角，21 世纪将是其真正快速发展的时期。在较长时间内，依托 0.15～0.18 μm 的工艺技术，将进行一场集成系统的革命。

第三，微电子与其他学科相结合诞生新的技术增长点。微电子技术的强大生命力在于它可以低成本、大批量地生产出具有高可靠性和高精度的微电子机械结构模块。这种技术一旦与其他学科相结合，便会诞生出一系列崭新的学科和重大的经济增长点。与微电子技术结合成功的突出例子便是 MOEMS（微光机电系统）技术和 DNA 生物芯片等。前者是微电子技术与机械、光学等领域相结合而诞生的，后者则是与生物技术相结合的产物。

第三节　LED 显示屏产业状况与发展趋势

一、LED 显示屏的广泛应用

信息化社会的到来，促进了现代信息显示技术的发展，形成了 CRT、LCD、PDP、LED、EL、DLP 等一系列信息显示产品。综观各类显示产品，各有其优势和适宜的市场应用需求。随着 LED 材料技术和工艺的提升，LED 显示屏以其突出的优势成为平板显示的主流产品之一，并在社会经济的许多领域得到广泛应用，主要包括：

（1）证券交易、金融信息显示。这一领域的 LED 显示屏占前几年国内 LED 显示屏需求量的 50%以上，目前仍有较大需求。

（2）机场航班动态信息显示。民航机场建设对信息显示的要求非常明确，LED 显示屏是航班信息显示系统（Flight Information Display System，FIDS）的首选产品。

（3）港口、车站旅客引导信息显示。以 LED 显示屏为主体的信息系统和广播系统、列车到发站系统、票务信息系统等共同构成客运枢纽的自动化系统，成为国内火车站和港口技术发展与改造的重要内容。

（4）体育场馆信息显示。LED 显示屏作为比赛信息显示和比赛实况播放的主要手段，已取代传统灯光及 CRT 显示屏，在现代化体育场馆成为必备设施。

（5）道路交通信息显示。智能交通系统（ITS）的兴起，在城市交通、高速公路等领域，LED 显示屏作为可变情报板、限速标志等，得到广泛应用。

（6）调度指挥中心信息显示。电力调度、车辆动态跟踪、车辆调度管理等，逐步采用高密度 LED 显示屏。

（7）邮政、电信、商场等服务领域的业务宣传及信息显示。

（8）广告媒体新产品。除单一大型户内、户外显示屏外，集群 LED 显示屏广告系统、列车 LED 显示屏广告发布系统等也已得到采用并推广。

（9）演出和集会。大型显示屏用于公共和政治目的的视频直播，如新千年庆典等重大节日中，大型显示屏在播放实况和广告信息发布方面发挥了重要作用。

（10）展览会。LED 显示大屏幕作为展览组织者提供的重要服务内容之一，向参展商提供有偿服务，国外还有专业性租赁公司和制造商提供租赁服务。

二、我国 LED 显示屏产业状况与市场发展

（一）产业状况

经过近 10 年的发展，我国 LED 显示屏产业已初具规模，基本形成了一批有一定规模的骨干企业。进入 21 世纪，光电子产业得到广泛重视，一些具有实力和影响的企业将 LED 显示屏作为经营战略发展的重要内容，涉足 LED 显示屏产业，预计我国 LED 显示屏产业将会有较大的调整和发展。

1998 年底，LED 显示屏专业委员会进行了一次不完全统计。根据统计结果，1998 年度销售总额在 1 000 万元以上的企业有 20 多家，其销售总额约 6 亿元，占行业市场总额的 85% 以上；全国从事 LED 显示屏的企业有 100 余家，从业人员近 6 000 人，行业年度销售总额达 8 亿元，1996 年、1997 年的增长速度均保持在 40% 左右，1998 年略有回落，增长速度在 30% 左右。1998 年成立的中国光学光电子行业协会光电器件分会 LED 显示屏专业委员会，集中了全国有代表性和影响的 LED 显示屏主要生产企业，成立之初有

55 家成员单位，目前已发展到 67 家，基本上包括了全国 LED 显示屏行业的主导企业。

2000 年度，LED 显示屏专业委员会成员单位的年产值已逾 11 亿元，年度销售额超过 10 亿元，笔者估计，这个产值占全国同行业的 75%以上。与1999 年相比，全行业 2000 年度的产销值的平均增长率为 10%以上，其中个别企业增长了近两倍，有的企业增长 50%以上，大部分企业稳中有升，但也有少数企业是下滑的。从业人数近 9 000 人，其中专业技术人员达 4 000 多人，约占从业人员总数的 45%，具有中高级技术职称的有 2 400 多人，约占从业人员总数的 28%。这些人员大部分从事技术开发，就整个行业来说，具有较强的开发能力。

我国 LED 显示屏产业在规模发展的同时，产品技术不断推陈出新，一直保持比较先进的水平。20 世纪 90 年代初即具备了成熟的 16 级灰度 256色视频控制技术及无线遥控等国际先进水平技术，近年来在全彩色 LED 显示屏、256 级灰度视频控制技术、集群无线控制、多级群控技术等方面均有国内先进、达到国际水平的技术和产品出现；LED 显示屏控制专用大规模集成电路也已由国内企业开发生产并得到应用。目前，国内主要 LED 显示屏制造厂商主要集中在华东、华北、华南区域，大型制造商的市场范围几乎覆盖整个国内市场。国内 LED 厂商数量也在逐渐增加，目前，比较上规模的（年产值在 300 万元以上）估计有 150 余家，其中年产值达上千万元的有20 余家。而且，由于国产 LED 显示屏的性价比比较高，市场占有率近 100%，国外同类产品基本没有市场。

（二）市场发展

从 1993 年至今，全国 LED 市场保持持续增长。光电基础产业的发展促进了 LED 显示屏产业近年来迅速发展。据《电子工业年鉴》及一些专业杂志的统计，1997 年 LED 管产量比 1996 年只增加了 7 亿只，但同期 LED 产值增加了 13.89 亿元（国内 LED 显示屏所用的 LED 绝大多数是进口的，尤其是绿灯和蓝灯），其中包括 LED 显示屏产值部分。实际上，在 1997 年增加的 13.89 亿元产值中相当一部分是 LED 显示屏创造的产值，以 LED 显示屏专业委员会统计估算的 1998 年的 8 亿元产值为基础，我们推测 1996 年的 LED 显示屏市场产值应该是 4 亿多元，实际统计 1997 年为 6 亿多元，1999 年为 10 亿多元，据最新的统计推算，2000 年全国的 LED 显示屏市场产值为 14 亿～15 亿元。2001 年统计，全国 LED 显示屏市场销售额约 20 亿元，年增长率在 1996 年、1997 年、1999 年、2000 年、2001 年均为 40%左右，只有 1998 年为 30%。2001 年在全国 LED 显示屏市场销售额中，LED 显示屏专业委员会成员单位为 16 亿多元，占 80%。

目前在国内市场上，国产 LED 显示屏的市场占有率近 100%。国内 LED 显示屏产品及市场发展迅速，厂家众多，但目前主导骨干企业群尚在形成之中，处于群雄逐鹿的时代。随着 LED 显示屏产品行业的竞争逐步变得有序，市场即将转入规模化、品牌化竞争，当逐步形成有实力的占据市场份额 50% 以上的 3～5 家企业时，显示屏市场将趋于成熟。根据 LED 显示屏专业委员会的统计，2001 年成员单位的出口额约为 4 亿元，这是 LED 显示屏走向国际市场的良好迹象。国产 LED 显示屏走出国门加入国际市场将使 LED 产业得到极大提升。

三、LED 显示屏的发展趋势

LED 显示屏的发展趋势主要体现在以下几个方面：

（1）高亮度、全彩化。蓝色及纯绿色 LED 产品的出现和成本逐年降低，已具备成熟的商业化条件。全彩色 LED 显示屏将是 LED 显示屏的重要发展方向。LED 产品性能的提高，使全彩色显示屏的亮度、色彩、黑白平衡均达到理想效果，完全可以满足户外全天候的环境条件要求；同时，由于全彩色显示屏价格性能比的优势，预计在未来几年中，全彩色 LED 显示屏在户外广告媒体中会越来越多地代替传统灯箱、霓虹灯、磁翻板等产品，在体育场馆的显示方面，全彩色 LED 显示屏更会成为主流产品。

（2）标准化、规范化。材料、技术的成熟及市场价格的基本均衡之后，LED 显示屏的标准化和规范化将成为 LED 显示屏发展的新趋势。业内的市场竞争在传统产品条件下是以价格为主要竞争手段，随着近几年行业的发展，价格经几番回落调整，已达基本均衡，从而产品质量、系统的可靠性等将成为主要的竞争因素，这就对 LED 显示屏的标准化和规范化有了较高要求，业内一些骨干企业已开始在企业实施 ISO9000 系列标准。

（3）产品结构多样化。信息化社会的形成，使得 LED 显示屏的应用前景更为广阔。预计大型或超大型 LED 显示屏的主流产品局面将会发生改变，适合于服务行业特点和专业性要求的小型 LED 显示屏的需求会有较大提高，面向信息服务领域的 LED 显示屏产品门类和品种体系将更加丰富，部分潜在的市场需求和应用领域将会有所突破，如公共交通、停车场、餐饮、医院等综合服务方面的信息显示屏需求量将会更大，大批量、小型化的标准系列 LED 显示屏在 LED 显示屏市场总量中将会占有更多的份额。

在现代信息社会中，作为人—机信息视觉传播媒体的显示产品和技术得到迅速发展，进入 21 世纪，显示技术将是平板显示的时代，LED 显示屏作为平板显示的主导产品之一无疑会有更大的发展，并将成为 21 世纪平板显示的代表性主流产品。

第四节　EDA 技术发展趋势

一、EDA 技术的概念及范畴

EDA 技术是在电子 CAD 技术基础上发展起来的计算机软件系统，它以计算机为工作平台，融合了应用电子技术、计算机技术、信息处理及智能化技术的最新成果，用于电子产品的自动设计。

通过 EDA 工具，电子设计师可以从概念、算法、协议等开始设计电子系统，大量的工作可以通过计算机完成，包括从电路设计、性能分析到 IC 版图或 PCB 版图的整个设计过程都可以在计算机上自动处理完成。

EDA 技术的概念和范畴现在被广泛应用，不仅限于电子领域，还扩展到机械、通信、航空航天、化工、矿产、生物、医学、军事等多个领域。目前，EDA 技术已被各大公司、企事业单位和科研教学部门广泛应用。例如，在飞机制造过程中，从设计、性能测试到特性分析和飞行模拟，都可能涉及 EDA 技术。

二、EDA 技术的应用

EDA 技术在教学、科研、产品设计与制造等各方面都发挥着重要作用。

在教学方面，几乎所有理工科（特别是电子信息）类的高校都开设了 EDA 课程，旨在让学生了解 EDA 的基本概念和原理，掌握 HDL 语言编写规范，掌握逻辑综合的理论和算法，并使用 EDA 工具进行电子电路课程的实验和简单系统的设计。学生通常会学习电路仿真工具（如 EWB、PSPICE）和 PLD 开发工具（如 Altera/Xilinx 的器件结构及开发系统），为未来的工作打下基础。

在科研方面，主要利用电路仿真工具（如 EWB 或 PSPICE）进行电路设计与仿真，利用虚拟仪器进行产品测试，将 CPLD/FPGA 器件实际应用到仪器设备中，以及从事 PCB 设计和 ASIC 设计等。

在产品设计与制造方面，EDA 工具应用于前期的计算机仿真、产品开发中的系统级模拟和测试环境仿真、生产流水线的技术应用、产品测试等各个环节，如 PCB 的制作、电子设备的研制与生产、电路板的焊接、ASIC 的流片过程等。

EDA 技术的应用领域广泛，已经渗透到各行各业，包括机械、电子、通信、航空航天、化工、矿产、生物、医学、军事等多个领域。此外，EDA

软件的功能日益强大，原来功能单一的软件现在增加了许多新的用途，如 AutoCAD 软件不仅用于机械及建筑设计，还扩展到建筑装潢、效果图、汽车和飞机模型、电影特技等领域。

三、EDA 技术的发展趋势

从目前的 EDA 技术来看，其发展趋势是政府重视、使用普及、应用广泛、工具多样、软件功能强大。

我国 EDA 市场已趋于成熟，但大部分设计工程师主要面向 PC 主板和小型 ASIC 领域，仅有约 11% 的设计人员研发复杂的片上系统器件。

在信息通信领域，优先发展高速宽带信息网、深亚微米集成电路、新型元器件、计算机及软件技术、第三代移动通信技术、信息管理、信息安全技术，积极开拓以数字技术、网络技术为基础的新一代信息产品，发展新兴产业，培育新的经济增长点。大力推进制造业信息化，开展计算机辅助设计（CAD）、计算机辅助工程（CAE）、计算机辅助工艺（CAPP）、计算机辅助制造（CAM）、产品数据管理（PDM）、制造资源计划（MRPII）及企业资源管理（ERP）等。有条件的企业可开展网络制造，便于合作设计、合作制造，参与国内和国际竞争。开展"数控化"工程和"数字化"工程。自动化仪表的技术发展趋势是测试技术、控制技术与计算机技术、通信技术进一步融合，形成测量、控制、通信与计算机（M3C）结构。在 ASIC 和 PLD 设计方面，向超高速、高密度、低功耗、低电压方向发展。外设技术与 EDA 工程相结合的市场前景看好，如组合超大屏幕的相关链接，多屏幕技术也有所发展。

自 1995 年以来，我国加速开发半导体产业，先后成立了几所设计中心，推动系列设计活动以应对亚太地区其他 EDA 市场的竞争。EDA 技术发展迅猛，完全可以用日新月异来描述。EDA 技术应用广泛，现已涉及各行各业。EDA 水平不断提高，设计工具趋于完美。

第五节　单片机技术的发展特点及发展趋势

一、单片机技术的发展特点

自单片机出现至今，单片机技术已走过了近 40 年的发展历程。纵观单片机的发展历程，可以看出，单片机技术的发展以微处理器（MPU）技术及超大规模集成电路技术的发展为先导，以广泛的应用领域为驱动，表现出较微处理器更具个性的发展趋势。

1. 单片机长寿命

这里所说的长寿命，一方面是指用单片机开发的产品可以稳定可靠地工作 10 年、20 年，另一方面是指与微处理器相比的长寿命。随着半导体技术的飞速发展，MPU 更新换代的速度越来越快，以 386、486、586 为代表的 MPU，很短的时间内就被淘汰出局，而传统的单片机如 68HC05、8051 等已有 15 年历史，产量仍在上升。这不仅是因为它们对相应应用领域的适应性，也因为以这类 CPU 为核心的集成更多 I/O 功能模块的新单片机系列层出不穷。可以预见，一些成功上市的相对年轻的 CPU 核心，也会随着 I/O 功能模块的不断丰富，有着相当长的生存周期。新的 CPU 类型的加入，使单片机队伍不断发展壮大，给用户带来了更多的选择余地。

2. 8 位、16 位、32 位单片机共同发展

长期以来，单片机技术的发展以 8 位机为主。随着移动通信、网络技术、多媒体技术等高科技产品进入家庭，32 位单片机应用得到了长足发展。以 Motorola 68K 为 CPU 的 32 位单片机仅 1997 年的销售量就达 8 000 万枚。过去认为，由于 8 位单片机功能越来越强，32 位机越来越便宜，使 16 位单

片机的生存空间有限。然而，16 位单片机的发展无论在品种还是在产量方面，近年来都有较大幅度的增长。

3. 单片机速度越来越快

MPU 发展中表现出来的速度越来越快是以时钟频率越来越高为标志的。而单片机则有所不同，为提高单片机的抗干扰能力，降低噪声，单片机技术追求在不牺牲运算速度的情况下降低时钟频率。一些 8051 单片机兼容厂商通过改善单片机的内部时序，在不提高时钟频率的条件下，使运算速度提高了很多。而 Motorola 单片机则使用了锁相环技术或内部倍频技术，使内部总线速度大大高于时钟发生器的频率。68HC08 单片机使用 4.9 MHz 外部振荡器而内部时钟达 32 MHz，而 M68K 系列 32 位单片机使用 32 kHz 的外部振荡器频率，内部时钟可达 16 MHz 以上。

4. 低电压与低功耗

自 20 世纪 80 年代中期以来，NMOS 工艺单片机逐渐被 CMOS 工艺代替，功耗得以大幅度下降。随着超大规模集成电路技术由 3 μm 工艺发展到 1.5 μm、1.2 μm、0.8 μm、0.5 μm、0.35 μm，实现 0.2 μm 工艺，全静态设计使时钟频率从直流到数十兆任选，功耗不断下降。Motorola 最近推出的 M.CORE 可在 1.8 V 电压下以 50 MHz/48 MIPS 全速工作，功率约为 20 mW。几乎所有的单片机都有 Wait、Stop 等省电运行方式。允许使用的电源电压范围也越来越宽。一般单片机都能在 3～6 V 范围内工作，对电池供电的单片机不再需要对电源采取稳压措施。低电压供电的单片机电源下限已由 2.7 V 降至 2.2 V、1.8 V。目前，0.9 V 供电的单片机已经问世。

5. 低噪声与高可靠性技术

为提高单片机系统的抗电磁干扰能力，使产品能适应恶劣的工作环境，满足电磁兼容性方面更高标准的要求,各单片机厂家在单片机内部电路中采取了一些新的技术措施。

6. OTP 与掩膜

OTP 是一次性写入的单片机。过去认为,一个单片机产品的成熟是以投产掩膜型单片机为标志的。由于掩膜需要一定的生产周期,而 OTP 型单片机价格不断下降,使得近年来直接使用 OTP 完成最终产品制造更为流行。与掩膜相比,OTP 具有生产周期短、风险小的特点。近年来,OTP 型单片机需求量大幅增加,为适应这种需求,许多单片机都采用了在片编程技术(In-System Programming)。未编程的 OTP 芯片可采用裸片(Bonding)技术或表面贴技术,先焊在印刷板上,然后通过单片机上引出的编程线、串行数据、时钟线等对单片机编程,从而解决了批量写 OTP 芯片时容易出现的芯片与写入器接触不好的问题。这也使 OTP 的裸片得以广泛使用,降低了产品的成本。编程线与 I/O 线共用,不增加单片机的额外引脚。而一些生产厂商推出的单片机不再是掩膜型,全部为有 ISP 功能的 OTP。

7. MTP 向 OTP 挑战

MTP 是可多次编程的意思。一些单片机厂商以 MTP 的性能、OTP 的价位推出他们的单片机,如 Atmel 的 AVR 单片机,片内采用 FLASH,可多次编程。华邦公司生产的与 8051 兼容的单片机也采用了 MTP 功能,却只有 OTP 的价位。这些单片机都使用了 ISP 技术,可以在安装到印刷线路板上后再下载程序。

二、单片机的发展趋势

现在可以说单片机正处于百花齐放、百家争鸣的时期。世界上各大芯片制造公司都推出了自己的单片机,从 8 位、16 位到 32 位,数不胜数,应有尽有。既有与主流 C51 系列兼容的，也有不兼容的，但它们各具特色，互为补充，为单片机的应用提供了广阔的天地。纵观单片机的发展过程，可以预示单片机的发展趋势，大致有：

1. 低功耗 CMOS 化

MCS-51 系列的 8031 推出时的功耗达 630 mW，而现在，单片机的功耗普遍都在 100 mW 左右。随着对单片机功耗要求的不断降低，现在各个单片机制造商基本采用了 CMOS（互补金属氧化物半导体工艺）。像 80C51 就采用了 HMOS（即高密度金属氧化物半导体工艺）和 CHMOS（互补高密度金属氧化物半导体工艺）。CMOS 虽然功耗较低，但由于其物理特征决定其工作速度不够高，而 CHMOS 则具备高速和低功耗的特点，这些特征更适合于在要求低功耗如电池供电的应用场合。因此，这种工艺将是今后一段时期内单片机发展的主要途径。

2. 微型单片化

常规的单片机普遍将中央处理器（CPU）、随机存取数据存储器（RAM）、只读程序存储器（ROM）、并行和串行通信接口、中断系统、定时电路、时钟电路集成在一块单一的芯片上。增强型的单片机集成了如 A/D 转换器、PWM（脉宽调制电路）、WDT（看门狗），有些单片机将 LCD（液晶）驱动电路都集成在单一芯片上，使得单片机包含的单元电路更多，功能更强大。甚至单片机厂商还可以根据用户的要求量身定做，制造出具有自己特色的单片机芯片。此外，现在的产品普遍要求体积小、重量轻，这就要求单片机除了功能强和功耗低外，还要求其体积要小。目前，许多单片机都具有多种封装形式，其中 SMD（表面封装）越来越受欢迎，使得由单片机构成的系统正朝微型化方向发展。

3. 主流与多品种共存

虽然单片机的品种繁多，各具特色，但仍以 80C51 为核心的单片机占主流。而某公司的 PIC 精简指令集（RISC）也有着强劲的发展势头。近年来，我国的单片机产量与日俱增，以其价低质优的优势占据了一定的市场份额。在一定时期内，这种情形将继续延续，将不存在某个单片机一统天下的垄断局面，而是依存互补、相辅相成、共同发展。

第六节　PCB 产业前沿技术最新进展

集成电路的集成度和表面安装技术的不断提高推动了印制电路板工业（PCB）技术的变革。最值得注意的是，我国将成为世界印制电路板的主要生产基地。目前，PCB 的生产和工艺技术有了很大进展。微导通孔、高密度互联（HDI）等将成为 PCB 工业中占据主导地位的技术。

一、微导通孔技术

1. 微导通孔技术

在目前的电子产品生产中，"小"意味着"微导通孔"。微导通孔的优点明显地超过了机械钻孔。当其用于具有更精细线宽和积层板技术相匹配时，微导通孔可提供惊人的走线密度。

2. 技术驱动（Interconnection Technology Research Institute，ITRI）

研究表明，有很多因素在驱动微导通孔技术的发展。目前消费者需要的便携性是第一因素。许多电子产品生产厂家使用微导通孔来减少蜂窝式电话、笔记本电脑、摄录像机和分页器的组装尺寸。采用微导通孔的另一个驱动因素是各种封装选择。另外，使用微导通孔技术有利于减少开关噪声和电磁干扰以及缩短提供产品周期。最后，由于互联技术需要面对不断地微型化和提高电气、热性能的要求，这就需要微导通孔技术的帮助。

今后几年有两个因素会使微导通孔激增：一是适用于所有设备的连接盘密度将大大增加、阵列节距减小以及更小的无源器件大量增加的系统发展起来；二是与普通多层板相比，积层板的价格优势在 21 世纪初继续蚕食领地达到均势。当这些情况都成为现实，微导通孔技术对于大多数世界领先的印制电路板厂家就成为常规的产品了。

二、高密度互联技术

高密度互联（HDI）设计由于图形尺寸更小而带来额外的布线面积，并且具有增加的临界网间距。通过使用微导通孔（小于 6 密耳）代替常规的导通孔（约为 25 密耳），在那些大焊盘周围采用蛇形布线所遇到的问题就得到解决。

当前，HDI 设计所面临的真正挑战是确定使用 HDI 时应该选用哪一种 HDI·结构。在 HDI 设计中有大量制造工艺以大量的组合形式使用了大量材料，从而产生了大量的结构。在这种情况下，必须选择一种可为电子产品设计增加价值而不是增加成本的 HDI 设计流程，这是非常关键的。

利用元件总数、引线总数、设计的大小（指面积）这三部分信息，就能够计算出连结需求，该需求可帮助确定所要进行的设计是否属于 HDI 范畴。一旦已经决定必须"走 HDI 之路"，就可以着手选择所需使用的设计规则。这一步工作可以通过两种不同的方法来实现：选择设计规则并计算所需要的信号层；选择所需要的信号层并计算设计规则。在设计过程中，如果布线障碍很少，那么使用一个自动布线器对产生一个低成本的 HDI 设计是非常有益的，可获得较高的生产率，缩短设计所花的时间。尽管当前的布线对于传统设计已经实现了 100% 的完成率，但是这些布线器所使用的布线算法对于高要求 HDI 设计来说在成本上或电气性能上都不是十分理想的。例如，在处理使用蚀刻或光致成像工艺产生的导通孔时，一般的准则是尽量减少导通孔数量，而这时在积层板上使用更多的导通孔则是最优化的方法。当今的绝大多数设计工具通过种种手段都能够实现 HDI 设计，但是检验设计的可生产性往往变成一个手工过程。

三、用于 HDI 微孔的主要工艺

用于 HDI 微孔的四种主要工艺为：激光导通孔，干法/湿法蚀刻导通孔，光致导通孔以及导电油墨形成导通孔和电路。

1. 激光导通孔

此方法用激光钻孔代替原有的机械钻孔工艺，从而形成单层的导通孔或多层导通孔。与机械钻孔不同的是，激光钻孔是用聚焦光束制造出比用传统方法更小的孔。激光钻孔最重要的优点是，它能与许多增强材料或非增强材料相配。低产量是激光钻孔的一个缺点，这意味着产量要受在制板上导通孔的数量及布局制约。另外，导通孔烧蚀速度还受所选择材料的影响。

2. 干法/湿法蚀刻导通孔

最普通的蚀刻技术是利用超高频气体等离子体来进行蚀刻，这就是干法蚀刻工艺。热的 KOH 的湿法蚀刻工艺已经用于聚酰亚胺膜中。干法/湿法工艺都是各向同性的，当它们向下蚀刻的同时也对侧向蚀刻。这就导致了铜层下面的侧蚀，从而增加了金属化工艺的难度。

3. 光致导通孔

当每平方英寸直径为 100 μm 的微孔个数超过 250 个时，光致成像更具有实用意义。从本质上来说，光致导通孔工艺一般是半加成法或全加成法。它首先是将专用配方的光敏树脂体系涂覆于次复合结构上，然后通过照相底版充分接触光致材料，曝光后便产生了大量的导通孔。

4. 导电油墨

导电油墨是用来形成微孔的单层介质材料，其中微孔是通过光致成像、激光或介质层再配置等方法形成的。目前的工作主要围绕着使用光致成像与网版印刷来进行，这样它就克服了电镀与蚀刻工艺的局限以及与其相关的成本问题。该工艺是在使用光致介质层材料来形成导通孔及电路通道的基础上，再用导电油墨堵塞。用于金属化的导电油墨技术实际上也避免了含金属废液的处理。

四、HDI 结构的金属化工艺

在 HDI 制作中，高密度基板的金属化，尤其是必须保证微孔导电及金属的可靠性是关键的成功因素之一。要想在盲孔和镀覆孔内沉积均匀的铜层，电镀之前的金属化工艺十分关键。目前，可用来使导通孔金属化的工艺有如下几种：

1. 化学沉铜

在过去的 40 年里，PCB 工业主要是采用传统的化学沉积铜使导通孔金属化。化学沉铜工艺中，在孔壁上、互连处、盲孔以及有效焊盘上沉上一薄层铜，然而氢气会干扰沉积铜层的完整性与均匀性。

2. 钯基工艺

钯基直接金属化工艺利用分散的钯颗粒来使非导电表面导电。钯颗粒不是用锡就是用有机聚合物来使之稳定化。这两种工艺中，催化剂颗粒被直接吸附到非导电表面，产生一层足够导电的钯层以便可以直接镀铜。

3. 石墨基工艺

此工艺是利用石墨颗粒稳定地分散来涂敷到基材的表面上。石墨颗粒与调整剂的反应引起黏结剂分子与调整剂表面上的活性氢基的耦合，该反应在树脂与玻璃上提供了一个稳定的石墨膜。干燥后进行微蚀作用，微蚀是从铜表面、有效焊盘以及互连表面除去不需要的石墨，最后在非金属表面留下导电的并且连续的石墨涂层。

4. 炭黑基工艺

炭黑基工艺与石墨基工艺相似。炭黑系统不需要选择固定剂，但通常需要两次经过炭黑溶液以获得充分的导电性。炭黑的分散需要经过烘干，然后用微蚀从金属表面除去碳。

5. 导电聚合物

该工艺依赖于树脂及玻璃纤维表面上的有机导电层的形成。该工艺既可以用水平模式操作，也可以用垂直模式操作。该工艺很关键的一点是高锰酸盐与树脂反应的副产物未被中和。该工艺不需要微蚀步骤，而其他直接电镀工艺是必需的。聚合物涂层只在树脂及玻璃纤维表面沉积，却不沉积于铜上，铜的表面应在贴膜前擦板。

第七节　卫星通信技术在我国的应用和发展

一、我国卫星通信的应用和发展

我国通信卫星的研制始于 20 世纪 70 年代的 331 卫星通信工程。到 1984

年 4 月，我国第一颗同步试验通信卫星成功发射并投入使用，标志着我国通信卫星从研制阶段转入实用阶段。这表明我国已全面掌握了同步轨道卫星的设计、制造、发射、测控及卫星通信地球站设备的生产技术，为我国的卫星通信技术和产品发展奠定了初步基础。

在 20 世纪 80 年代中后期，4 颗东二甲同步通信卫星的成功发射与交付使用，以及引进国外卫星通信先进技术建立的单路单载波（SCPC）、国际海事卫星通信系统 A 型站、VSAT 数据站的生产线，为我国公用卫星通信网和专用网的建网提供了一定的卫星通信产品，初步解决了专用通信问题及北京与西藏、新疆等边远地区的通信问题。

经过 30 多年的努力，我国卫星通信事业得到了迅速发展。新技术、新体制地球站大量涌现，我国的国际卫星通信线路由初期的几十条发展到 2 万多条，连接了世界 180 多个国家和地区的国际电话、数据业务。我国培育出了一批高素质的卫星通信研究、生产集成的技术队伍和单位，可以基本满足我国现阶段卫星通信市场的需求。目前，在卫星通信领域主要从事卫星通信固定业务、移动业务、卫星广播电视业务的系统与设备产品研制。现已研制出 SCPC、CDMA、IBS/IDR、VSAT、TDMA 系统和大量的各种频段、各种卫星通信地球站。

综上所述，我国卫星通信与卫星广播技术的发展已具有相当规模，而且正在迅速发展。但是，在卫星通信产品产业化方面仍有很多工作要做。

二、卫星通信的发展前景

随着卫星通信的进步与完善，拨打电话将成为只能从历史课本上学到的概念。给母亲打电话可以简单到只需说一声"妈妈"就可以接通。即使您不知道如何使用计算机，您也会收发电子邮件，您不必知道怎样打字就可以使用互联网，可以说使用键盘和计算机的时代即将结束。将来卫星通信不仅可以解决传输问题，还要直接向用户提供服务。到那时，城市里的草坪洒水系统在启动之前可自动查询全国天气服务网站以确定今天的确无雨。因特网在生活中的角色也将发生改变；网络可能将成为一个完全不同于今天我们所理解的概念，发挥着全新的作用；新一代轿车的驾驶者可用声音来操纵车上的电话、收音机和激光唱机，无需动手，只要动口。由于卫星通信覆盖区域广，不受地理障碍约束和用户运动的限制，不论是身处沙漠，还是位于冰川，都能够进行实时通讯，交换信息；我们可以随时向世界各地的专家请教，得到帮助；可以真正实现海内存知己，天涯若比邻。也许很快，卫星通信的地面接收系统将变得又小又轻，设备价格和通信费用都可以与地面通信设备相比，变成一种普通的个人通信和家电消费品，如同今天的移动电话、计算机一样，深入我们的日常生活。

20 世纪 60 年代，光纤给世界通信业带来了一场革命，人们为光纤巨大的容量赞叹不已。随着通信量的急剧膨胀，许多按照老标准设计的通信线路已经大大超载，万般无奈，人们只好增加铺设多条光缆，这样做不仅费时费力，还是一笔不小的投资。波分复用技术的实现，使人们不必再掘地三尺，只要在光缆的两头增加合波、分波器就能使通信量增加到原来的 4～8 倍。可以想象，无论是在难以挖掘的雪域高原，还是在深不可测的浩瀚大海，光纤容量的增加将不再是使人头痛的一件事。例如，原来计划增加光缆铺设的广州至深圳段，率先安装波分复用系统，不仅节省 3 条光缆的投资，还使通信容量上升为原来的 3 倍。波分复用技术是人类深入开发光纤容量的第一步，我们期待着这项技术开辟出一个广阔的信息空间。

第八节 光电子技术在武器装备中的作用及发展趋势

一、光电子技术在高技术武器装备中的作用

现代战争的特点之一是快速、昼夜全天候作战和远距离攻击目标的高命

中率。国外先进的战斗机几乎都采用光电设备及其武器系统。其主要作用包括：

1. 增强夜战能力

大多数飞机都装有性能先进的脉冲多普勒火控雷达、前视红外系统、红外搜索跟踪系统、微光电视设备、激光测距/目标指示系统和激光目标自动跟踪系统，使飞机能在各种恶劣气候条件下作战，并大大增强了夜战能力。

2. 提高武器命中精度

美国在历次空袭中广泛采用了精确制导武器，使空袭命中目标的平均误差从越战时的 10 m 降低到 1 m 以下。据报道，精确激光制导炸弹的目标命中率达 90%，而普通炸弹的命中率只有 25%。反辐射导弹是美军现代战争中的必用武器，AGM－88A 哈姆反辐射导弹是美国第三代反辐射导弹，其制导方式为被动雷达寻的，频率范围覆盖所有雷达工作频率。哈姆导弹还采用激光近炸引信和加装记忆软件，使导弹实战命中率达到 100%。据报道，哈姆导弹将加装被动红外制导，以提高导弹的抗干扰能力。

二、光电子武器装备的特点和趋势

武器装备将实现体系化、信息化、网络化、精确化和隐身化，一批新概念武器装备将陆续实用化，使 21 世纪战场成为陆、海、空、天、信息五维战场，作战空间将向外层空间扩展。随着高技术武器装备的发展，从总体上看，光电子武器装备的发展正呈现出以下特点和趋势。

（一）红外预警和监视

针对战术弹道导弹飞行时间短，巡航导弹飞行高度低，难于探测、预警和跟踪，提出了空间、空中、海上和陆地等多种平台的预警技术发展计划。

1. 加速发展天基红外探测预警系统

红外预警卫星作为探测弹道导弹飞行轨迹的关键设备，在现代立体战争中起着其他设备无法替代的作用。

2. 积极发展机载红外反导探测系统

目前，在机载红外预警和监视系统方面，红外搜索跟踪系统是迅速探测、预警、定位和识别红外威胁源的关键技术，并将装备到现有的预警机上，成为机载反导红外探测预警系统。

（二）激光雷达

现在，人们把激光雷达发展的希望寄托在二极管泵浦单频固体激光器上，其军事应用包括测风速、大气数据采集、对目标定位和测速等。美国国防部关键技术将激光雷达列为高灵敏度雷达之一，期望在 21 世纪初研究出战术用激光雷达，作为战术自动目标识别系统（ATR）的三维传感器。

激光雷达与被动红外搜索跟踪系统相结合，就能精确测量弹道轨迹。据分析表明，对于要求几百公里外的战区导弹防御任务，现有激光测距系统或即将研制成功的激光系统完全具有这样的测距能力。

（三）激光通信

在光通信中，远距离和高比特率一直是人们努力追求的方向，而且正在为 21 世纪信息时代的需求研制各种新的光通信系统。在空间光通信方面，国外目前卫星激光通信已经从理论研究进入到应用基础研究的试验阶段，发展日新月异。卫星激光通信的出现是现代信息社会对大容量、远距离、低成本通信需求的必然结果，而它的优点也表明，它能够承担此重任。

（四）激光武器

战术防空武器的发展日趋成熟。预计激光武器的广泛使用将会使未来的战争发生深刻的变化，会对参战双方造成很大的心理威胁。目前，国外以美国为代表正在发展战区弹道导弹防御用的机载激光武器。激光反导技术的重点是发展对前沿战区、战术目标如战术弹道导弹、巡航导弹、反舰导弹、反辐射导弹及空地精确制导武器的拦截能力。

三、光电子技术针对未来战争的发展重点

针对未来战争的特点和主要威胁，从区域电子和电子战范围来看，在光电子技术方面应着重发展光电预警技术、夜视技术、光电对抗技术及其相关基础配套技术。具体建议如下：

（一）发展光电预警监视技术

预警机可以探测、识别跟踪来袭空中目标，控制导引地面和机上的防空兵器进行拦截，还能监视、侦察敌军的部署和调动情况，及时作出判断。在区域电子系统中，目前许多国家已把有无电子预警机的设备作为衡量其系统先进性的标准。

在未来研制电子预警机过程中，考虑到高技术战争的特点和主要威胁，发展机载光电预警监视技术势在必行，以缩短与国外的差距。当然，从长远考虑，根据国家的财力，应该积极准备研制红外预警卫星，以构成一个完整红外和光学系统的导弹预警监视网。另外，随着机载激光武器的发展，最终有可能把红外跟踪、激光雷达与激光武器相结合，成为一种综合性机载战术导弹防御系统。

（二）加速发展基础配套技术

光电子技术是一门新的技术。影响我国光电子技术发展的主要因素之一是光电子元器件及其配套技术，因此，我们一定要抓住基础技术不放，为研制先进的光电子系统提供充分必要的条件。

1. 围绕图像信息的获取和处理、存储和显示发展光电子器件和技术

图像信息所含信息量最大，可以认为是信息的最高形式。在高技术战争中，不仅侦察、预警、精确制导、导航、夜视都需要图像信息，而且指挥决策、训练、后勤保障都越来越依赖于图像信息。光电子技术由于其固有的特点，可以在图像信息方面大显身手。

在图像信息传输方面，在发展地面和武器平台内光纤通信技术的同时，开展空间激光通信技术的研究，相应研制高速图像信息传输所需要的关键光电子器件，如高速半导体激光器、二极管泵浦固体激光器、高速光调制器和高灵敏宽带探测器等。

在图像显示方面，发展适合于军用恶劣环境的平板显示技术、大屏幕显示技术，以及适用于虚拟现实头盔所需要的微型高分辨率液晶显示器。从长远来看，还要发展中型、大型三维显示技术。

2. 针对光电对抗和定向能武器的需求发展大功率激光器及相应配套技术

以激光能量作为杀伤武器的光电对抗和定向能武器是军用光电子技术的又一个重要方向，在高技术战争中起着特别重要的作用。当前，公认的最适合作为定向能武器的激光器是氧碘化学激光器和氟化氘化学激光器，但从发展势头和潜力看，二极管泵浦固体激光器和锁相二极管激光器阵列最具优势。经过努力，它的波长、功率、光束质量、效率等主要指标可能最符合星载和机载的要求。为此，必须从提高激光器效率、功率、光束质量和降低器

件成本几个方面做出巨大努力，包括以新的固体激光工作物质代替现有 Nd：YAG 晶体，发展新的高功率激光二极管机理和结构，发展更有效的散热技术，等等。

第九节　汽车电子技术的应用与发展趋势

随着汽车工业与电子工业的不断发展，在现代汽车上，电子技术的应用越来越广泛。今天的汽车已经逐步进入了电脑控制的时代。国外专家预测，未来 3～5 年内汽车上装用的电子装置成本将占汽车整车成本的 25%以上，汽车将由单纯的机械产品向高级的机电一体化产品方向发展，成为所谓的"电子汽车"。

一、现代汽车电子技术应用状况

（一）电子技术在发动机上的应用

1. 电子控制喷油装置

在现代汽车上，机械式或机电混合式燃油喷射系统已趋于淘汰，电控燃油喷射装置因其性能优越而得到了日益普及。电子喷油装置可以自动地保证发动机始终在最佳状态工作，使其在输出一定功率的条件下最大限度地节油和净化空气。经过实验并修正得到发动机最佳工况时的供油控制规律、事先把这些客观规律编成程序存在微机的存储器中，当发动机工作时，根据各传感器测得的空气流量、排气管中含氧量、进气温度、发动机转速及工作温度等参数，按预先编好的运算程序进行运算，然后与内存中最佳工况的参数进行比较和判断后再调整供油量。这样，就能够使发动机一直在最优工作条件下运行，从而使发动机的综合性能得到提高。

2. 电子点火装置（ESA）

电子点火装置由微机、传感器及其接口、执行机构等几部分构成。该装置可根据传感器送来的发动机各种参数进行运算、判断，然后进行点火时刻的调节，这样可以节约燃料，减少空气污染。此外，新型发动机电子控制装置还有自适应控制、智能控制及自诊断操作等。一般认为，发动机电子控制装置的节能效果在15%以上，而效果更明显的则是在环境保护方面。

除此之外，在发动机部分利用电子技术的还有：废气再循环（EGR）、怠速控制（ISC）、电动油泵、发电机输出、冷却风扇、发动机排量、节气门正时、二次空气喷射、发动机增压、油气蒸发及系统自我诊断功能等，它们在不同的车型上都或多或少地被应用。

（二）电子技术在底盘上的应用

1. 电控自动变速器（ECAT）

ECAT可以根据发动机的载荷、转速、车速、制动器工作状态及驾驶员所控制的各种参数，经过计算机的计算、判断后自动地改变变速杆的位置，从而实现变速器换挡的最佳控制，即可得到最佳挡位和最佳换挡时间。它的优点是加速性能好、灵敏度高，并能准确地反映行驶负荷和道路条件等。传动系统的电子控制装置，能自动适应瞬时工况变化，保持发动机以尽可能低的转速工作。电子气动换挡装置是利用电子装置取代机械换挡杆及其与变速机构间的连接，并通过电磁阀和气动伺服阀汽缸来执行。它不仅能明显地简化汽车操纵，而且能实现最佳的行驶动力性和安全性。

2. 防抱死制动系统（ABS）

该系统是一种开发时间最长、推广应用最为迅速的重要的安全性部件。它通过控制防止汽车制动时车轮的抱死来保证车轮与地面达到最佳滑动率（15%～20%），从而使汽车在各种路面上制动时，车轮与地面都能达到纵向的峰值附着系数和较大的侧向附着系数，以保证车辆制动时不发生抱死拖滑、失去转向能力等不安全的工况，提高汽车的操纵稳定性和安全性，减小制动距离。驱动防滑系统（ASR）也叫做牵引力控制系统（TCS 或 TRC），是 ABS 的完善和补充，它可以防止启动和加速时的驱动轮打滑，既有助于提高汽车加速时的牵引性能，又能改善其操作稳定性。

3. 电子转向助力系统

电子转向助力系统是用一部直流电机代替传统的液压助力缸，用蓄电池和电动机提供动力。这种微机控制的转向助力系统与传统的液压助力系统相比，具有部件少、体积小、重量轻的特点，其最优化的转向作用力、转向回正特性提高了汽车的转向能力和转向响应特性，增加了汽车低速时的机动性以及调整行驶时的稳定性。

4. 适时调节的自适应悬挂系统

自适应悬挂系统能根据悬挂装置的瞬时负荷，自动地适时调节悬架弹簧的刚度和减震器的阻尼特性，以适应当时的负荷，保持悬挂的既定高度。这样，就能够极大地改进车辆行驶的稳定性、操纵性和乘坐的舒适性。

5. 常速巡行自动控制系统（CCS）

在高速长途行驶时，可采用常速巡行自动控制系统，恒速行驶装置将根据行车阻力自动调整节气门开度，驾驶员不必经常踏油门以调整车速。若遇爬坡，车速有下降趋势，微机控制系统则自动加大节气门开度；在下坡时，又自动关小节气门开度，以调节发动机功率达到一定的转速。当驾驶员换低速挡或制动时，这种控制系统则会自动断开。

随着世界各大汽车厂家对汽车安全问题的高度重视，安全气囊系统、行驶动力学调节系统（FDR 或 VDC）、防撞系统、安全带控制、照相控制等方面已大量采用了电子新技术。

二、汽车电子技术应用的发展趋势

当前，汽车电子技术进入了优化人—汽车—环境的整体关系的阶段，它向着超微型磁体、超高效电机以及集成电路的微型化方向发展，并为汽车上的集中控制提供了基础（例如，制动、转向和悬架的集中控制以及发动机和变速器的集中控制）。汽车电子技术成就汽车工业的未来，未来汽车电子技术应在以下几方面进行突破。

（一）传感器技术

由于汽车电子控制系统的多样化，使其所需要的传感器种类和数量不断增加。为此，研制新型、高精度、高可靠性和低成本的传感器是十分必要的。未来的智能化集成传感器，不仅要能提供用于模拟和处理的信号，而且还能对信号作放大和处理。同时，它还能自动进行时漂、温漂和非线性的自校正，具有较强的抵抗外部电磁干扰的能力，保证传感器信号的质量不受影响，即使在特别严酷的使用条件下仍能保持较高的精度。此外，它还具有结构紧凑、安装方便的优点，从而免受机械特性的影响。

（二）微处理机技术

微处理机的出现给汽车仪表带来了革命性的变化，世界汽车工业的微处理机用量激增，由从前单一的仪器逐步发展为多用途、智能化仪表，不但可以很精确地把汽车上所有的待测量都检测出来，分别显示和打印需要的结果，而且还有运算、判断、预测和引导等功能。例如，可监视汽车各大部件的工作情况，还可以对蓄电池电压、轮胎气压、车速等检测量的高低限量进行报警。微处理机将更广泛地应用于安全、环保、发动机、传动系统、速度控制和故障诊断中。

（三）软件新技术应用

随着汽车电子技术应用的增加，对有关控制软件的需求也将会增加，并可能要求进一步计算机联网。因此，要求使用多种软件，并开发出通用的高水平语言，以满足多种硬件的要求。轿车上多通道传输网络将大大地依赖于软件，软件总数的增加及其功能的提高，将使计算机能完成越来越复杂的任务。

（四）智能汽车及智能交通系统（ITS）的研究及应用

汽车智能化相关的技术问题已受到汽车制造商们的高度重视。其主要技术中"自动驾驶仪"的构想必将依赖于电子技术的实现。智能交通系统（ITS）的开发将与电子、卫星定位等多个交叉学科相结合，它能根据驾驶员提供的目标资料，向驾驶员提供距离最短而且能绕开车辆密度相对集中处的最佳行驶路线。它装有电子地图，可以显示出前方道路并采用卫星导航。从全球定位卫星获取沿途天气、车流量、交通事故、交通堵塞等各种情况，自动筛选出最佳行车路线。未来的某天，路上行驶的将是由计算机控制的智能汽车。

（五）多通道传输技术

多通道传输技术由实验室将逐步进入实用阶段。采用这种技术后，使各个数据线成为一个网络，以便分离汽车中心计算机的信息。微处理机可通过网络接收其他单元的信号。传感器和执行机构之间要有一个新式接口，以便与多通道传输系统相联系。

（六）数据传输载体方面的电子新技术应用

汽车电子技术未来将实现整车控制系统。这一系统要求有一个庞大而复杂的信息交换与控制系统，车用计算机的容量要求更大，计算速度则要求更高。由于汽车用计算机控制系统的数量日益增多，采用高速数据传输网络日益显得必要。光导纤维可为此传输网络提供传输介质，以解决电子控制系统防电磁干扰的问题。

（七）汽车车载电子网络

随着电控器件在汽车上越来越多地应用，车载电子设备间的数据通信变得越来越重要。以分布式控制系统为基础构造汽车车载电子网络系统是很有必要的。大量数据的快速交换、高可靠性及价廉是对汽车电子网络系统的要求。在该系统中，各从处理机独立运行，控制改善汽车某一方面的性能，同时在其他处理机需要时提供数据服务。主处理机收集整理各从处理机的数据，并生成车况显示。通信控制器保证数据的正常流动。

此外，电子技术中的集成化制造技术等在未来几年内也将会有大的突破。

综观近 10 年来汽车技术的重大成就，大都是在应用电子技术上进行的突破，电子技术已成为汽车工业发展的重要动力源泉。目前，我国汽车工业面临入世后的巨大冲击，能否在未来的世界汽车业竞争中掌握主动权，关键取决于能否在电子技术上占领制高点。加快汽车电子技术新领域的研究是我国汽车工业发展的当务之急。

第十节　21 世纪电力电子技术的发展及未来研发重点

一、电力电子技术的发展

（一）普及化与标准化设计的核心挑战

电力电子技术的推广和标准化设计是目前发展的重要方向，也是实现更高能源利用效率的关键。然而，现阶段技术应用仍存在分散化和碎片化的问题。不同企业依据自身需求设计的电力电子设备缺乏统一的技术规范，导致了设备间难以兼容、生产维护成本高等问题。这种现状制约了电力电子设备的大规模普及应用，也增加了行业整体运营的复杂性。因此，推动电力电子技术的普及化，需要加强技术标准化建设，并通过行业协同解决效率、成本与兼容性之间的矛盾。

此外，设备制造和运营成本的降低也是普及化的核心环节。从原材料选择到工艺优化，电力电子设备的生产需要更经济的解决方案。近年来，宽禁带半导体材料（如氮化镓和碳化硅）的应用成为提升设备性能和降低散热需求的重要技术突破。这些技术进展为设备的小型化、低成本和高效率提供了新的可能性，也为普及化进程奠定了技术基础。

（二）家用电器变频控制的技术革新与能源节约

在家用电器领域，电力电子技术的作用尤为突出。长期以来，洗衣机、空调等家用电器普遍采用定频控制方式，这种方式尽管设计简单，但能源利用效率较低，难以满足现代家庭对节能减排的要求。随着变频控制技术的引入，这一问题得到了有效改善。变频控制通过实时调整电机的运行频率，能在不同负载条件下保持设备高效运行，从而显著降低能耗。

以空调为例，传统定频空调在达到目标温度后会频繁启动和停止压缩机，这种工作方式不仅浪费能源，还容易对设备造成损耗。而采用变频技术的空调，则可根据实际温度变化精准控制压缩机转速，既节省了能源，也延长了设备寿命。研究表明，使用变频控制技术的家电设备，能耗可减少约三分之一，这一数字对于大规模普及后的节能减排意义非凡。

不过，变频技术的广泛应用依然面临技术成本高、设计复杂等现实难题。为加快其产业化步伐，需要科研机构、企业和政府通力合作，通过技术优化、政策扶持和市场激励推动变频设备的普及化进程。这一技术的推广，不仅将显著缓解能源短缺问题，还能对环保和全球碳排放目标的实现起到积极作用。

（三）交通领域电力电子技术的变革与突破

电力电子技术在交通领域的应用已经成为动力系统技术革新的关键。特别是在新能源交通工具中，包括电动汽车、混合动力汽车以及燃料电池汽车，电力电子技术的进步直接决定了整车性能的优劣以及市场竞争力。通过先进的电力电子控制系统，这些车辆能够高效地实现动力输出调节和能量回收。例如，电动汽车依赖功率转换器在不同行驶工况下对电机进行精准控制，从而显著提高续航里程。

航天领域的电力电子应用同样备受关注。在航天器中，有限的能源必须被分配到不同的系统和设备，而高效的电力电子技术是实现这一目标的关键。例如，高性能功率转换器能够将电池能量以最小损耗分配到推进系统、通信设备和其他任务模块中，同时确保整个系统的运行可靠性。

未来，随着宽禁带半导体材料的发展以及电力电子系统向高频化、小型化方向迈进，交通领域的应用将更加多样化。这不仅有助于提升新能源交通工具的能效，也将推动绿色交通系统的建设，从而在全球能源转型中发挥更大作用。

二、电力电子与能源利用的关系

（一）能源消耗与环境挑战的严峻现实

过去一个世纪，人类社会在工业化和城市化进程中对能源的依赖不断加深，全球能源消耗量呈指数级增长。然而，传统化石能源的大量开采和使用，不仅造成了空气污染、水体破坏和温室气体排放，还导致能源资源逐步枯竭。当前，能源短缺和环境问题已成为全球共同面临的双重危机。如何优化能源利用效率、减少能源浪费，已成为事关未来可持续发展的关键课题。

在这一背景下，电力电子技术因其在能源高效转换和精准控制方面的独特优势，成为解决能源与环境问题的重要抓手。通过电力电子技术，可以减少能源使用中的损耗，实现更高效、更环保的能源利用方式。

（二）电力能源消耗中的结构性特征与问题

电力能源是全球能源体系的核心部分，占全球总能耗的 40%。这一比例反映了电力在推动经济和社会发展的重要作用，而通过电力电子设备进行能量转换的比例已达 40%。在这 40%的转换能量中，有 55%以上用于电机控制，20%用于照明领域。这种结构性特征显示出，工业和日常生活中大部分电力消耗集中在核心应用场景。

然而，现有技术在这些领域中依然面临诸多挑战。例如，传统电机控制技术效率偏低，导致工业生产环节中出现显著的能源浪费；照明领域尽管已普及节能灯和 LED 技术，但电力利用效率仍有较大的提升空间。此外，电力传输和分配过程中的能量损耗也是一个亟待解决的问题。这些问题为电力电子技术的创新和应用提供了巨大的潜在空间。

（三）电力电子技术的节能潜力与应用愿景

通过采用先进的电力电子技术，人类可以大幅优化能源利用效率，节省约三分之一的能源。这种节能效果相当于减少了约840座大型发电厂的发电需求，其带来的好处不仅是能源供应压力的显著缓解，还包括对全球环境负担的有效减轻。例如，减少发电厂的数量意味着更少的化石燃料燃烧，进而降低二氧化碳和污染物的排放，推动实现碳中和目标。

未来十年内，预计80%的电力能源将通过电力电子设备进行转换，这一趋势将彻底改变传统能源利用方式。具体设想包括：

（1）优化工业流程：在工业生产中，利用电力电子技术可实现电机的智能控制，优化工艺流程，减少能源浪费。例如，高效变频器可以根据负载需求实时调整电机的运行状态，使其始终保持在最佳能效区间。

（2）提升家庭能源管理：在家庭场景中，智能电力电子设备可以实现能源的动态调度。例如，通过家用储能设备与电力电子技术的结合，可以在电价较低的时段存储电能，并在高峰时段释放，降低能源费用，同时缓解电网压力。

（3）支持可再生能源发展：电力电子技术在可再生能源领域的作用尤为突出。例如，太阳能发电和风能发电中的逆变器技术，可将不稳定的电能高效转换为电网所需的标准电能。此外，智能功率变换器还可以实现不同分布式能源之间的协同调度，为构建智能电网提供技术支撑。

（4）推动交通能源革命：在电动汽车领域，电力电子技术通过高效能量转换和智能控制，显著提高了动力系统的效率和续航能力。例如，车载电力电子控制器可以优化电池充放电过程，延长电池寿命，并支持与充电网络的智能交互。

（四）电力电子技术的广泛好处与未来发展方向

电力电子技术的应用不仅停留在节能增效层面，更能带来深远的社会和经济效益。以下是几方面的潜在好处：

（1）经济效益：通过减少能源浪费和优化能源分配，电力电子技术可显著降低能源生产和消费成本。例如，工业领域的能源开支占总成本的比例很高，而通过技术优化可以有效降低这一比例，提升企业竞争力。

（2）环境效益：减少能源使用的同时减少污染排放，为实现全球气候目标提供技术支持。例如，大规模推广高效电力电子设备可以显著降低电网损耗，从而减少发电厂的排放量。

（3）能源安全：电力电子技术可以通过优化能源转换效率、提升储能能力，缓解能源短缺压力，并提高能源系统的安全性和可靠性。

（4）生活质量提升：在日常生活中，电力电子技术支持智能家居设备的发展，使家庭用电更节能、更智能。例如，自动调节的变频空调和智能照明系统，不仅节约能源，还提升了生活的舒适度。

电力电子技术将在人工智能、大数据和物联网的支持下进一步实现智能化发展。例如，通过人工智能算法的加持，电力电子设备将能够预测用电需求并实时调整运行参数，从而达到更高的能源利用效率。

三、电力电子技术是支撑技术

（一）隐形的基础科技

电力电子技术作为现代科技的重要支柱，尽管不直接呈现在日常生活中，却广泛存在于每一项电子设备的运行背后。计算机、电动汽车、家用电器甚至工业机械的高效运行，无一不依赖于电力电子技术的支持。它承担了能量转换、分配和控制的任务，保障设备稳定、高效地运行。

以计算机为例，其核心运行依赖于稳压电源模块的支持，这些模块通过电力电子技术将电能精准调控至处理器和其他部件所需的电压和电流。如果没有高效的电力电子技术，计算机将无法稳定工作，甚至可能因供电波动导致元器件损坏。这种隐形但至关重要的角色，正是电力电子技术作为"支撑技术"的体现。

（二）支撑现代电子工业的关键角色

现代电子工业的发展离不开电力电子技术的支撑。无论是消费电子产品、工业控制设备，还是航天、通信等高精尖领域，电力电子技术都在其中扮演着重要角色。它不仅支持设备的能源供给，还在优化效率、提升可靠性和降低成本方面发挥了关键作用。

在家用电子设备中，电力电子技术通过高效的能量转换和智能化控制，使空调、冰箱等设备实现了节能和性能提升。在工业领域，变频器、功率因数校正器等设备的广泛使用，不仅提高了工业设备的效率，还降低了电网的负荷。在新能源领域，光伏逆变器和风电变流器等设备，更是将自然能源转化为稳定的电能，推动了绿色能源的广泛应用。

（三）支撑技术带来的系统性效益

电力电子技术作为一种支撑性科技，其核心价值在于通过优化能量管理和控制，为整个电子工业体系带来系统性效益：

（1）提升能源利用效率：通过高效的能量转换，电力电子技术能够最大限度地减少电能在传输和使用过程中的损耗。例如，现代 LED 照明技术依赖电力电子驱动器实现稳定运行，其高效能量转换使照明设备的能耗大幅降低。

（2）推动电子设备的小型化与智能化：随着电力电子技术的进步，能量转换和控制设备得以实现更高功率密度，从而推动了设备的小型化。同时，智能电力电子设备的广泛应用，使电子设备能够适应更加复杂的应用场景。

（3）增强系统可靠性：电力电子技术在保障供电稳定性和设备可靠性方

面具有独特优势。例如，在航天和医疗设备中，电力电子技术通过精准的功率控制，确保关键设备在极端条件下稳定运行。

（四）未来的支撑作用

随着科技的不断进步，电力电子技术作为支撑技术的作用将更加显著。未来，它将在以下几个领域继续深化其影响力：

（1）下一代通信与计算技术：5G 和 6G 通信的发展需要更加高效、稳定的电源管理，而电力电子技术将在基站、服务器以及终端设备的能量供给中发挥核心作用。

（2）智能制造与工业 4.0：在智能工厂和工业 4.0 体系中，大量自动化设备和机器人需要依赖电力电子技术实现精准的功率分配和控制，确保生产效率与质量的提升。

（3）新能源与绿色发展：在新能源领域，电力电子技术将支持更高效的储能系统和分布式能源管理，为绿色能源的广泛应用提供技术保障。

（4）未来交通系统：电动汽车、智能交通和无人驾驶的发展，都需要高效的电力电子系统支持其动力输出、能源管理和智能化运行。

四、电力电子与关键科技

（一）国家关键科技领域中的核心作用

电力电子技术作为现代科技发展的基石，其应用已渗透到国家发展的七大关键科技领域，为经济、社会、环境的全面发展提供了强有力的支撑：

（1）能源：在能源领域，电力电子技术是优化能源利用、推动能源转型的重要工具。例如，在太阳能发电和风能发电中，电力电子装置负责将不稳定的能源高效转换为可用电力，为新能源的推广和普及提供了技术保障。

（2）环保：储能技术、能量转换技术以及输配电系统均依赖电力电子技术提升效率并降低损耗。同时，电力电子设备在污染控制领域的应用，通过精准的功率调节，有效支持废气处理设备和污水净化装置的高效运行。

（3）信息与通信：通信基站电源、智能手机充电器和计算机电源等设备均依赖电力电子技术实现高效、稳定的供电支持。尤其是在 5G 和未来通信技术中，电力电子技术将成为确保设备高性能运行的核心环节。

（4）生命科学：医学工程中电力电子技术的作用尤为突出，例如人工心脏中的开关电源和精密医疗设备的电能管理系统，为复杂的生命支持装置提供了稳定的能量供给。

（5）生产自动化：在工业领域，电力电子技术通过高效驱动和精准控制，为自动化生产线的能效提升和可靠性提供了支持，推动了智能制造的发展。

（6）材料：电力电子技术为材料加工提供高效能量转换方案，例如激光切割、3D 打印和热处理设备中均依赖电力电子控制系统实现高精度操作。

（7）交通：在航天、航空以及电动汽车等交通领域，电力电子技术支持动力系统的高效能量转换和智能化管理。例如，电动汽车的电力驱动系统通过先进的电力电子技术实现高效动力输出和能量回收。

（二）电力电子技术的系统整合与模块化设计

21 世纪，电力电子技术的一个重要发展方向是电路和系统的整合及其模块化设计。传统的电力电子装置如变频器，由 200～300 个零部件组成，设计复杂且成本高，难以满足现代工业对高效率、低成本和高可靠性的要求。模块化设计的趋势正逐步改变这一现状。工业界通过集成电力电子模块（Integrated Power Electronics Module，IPEM），实现了电力电子装置的高度集成化和模块化，使得系统设计更加简化，同时显著降低了制造成本。

例如，现代工业自动化控制需要通过 IPEM 将电力电子装置、电机和控制系统集成在一起。这种集成不仅减少了系统的复杂性，还提升了整体效率和可靠性。控制中心的计算机通过通信网络对这些模块进行远程监控和调节，从而实现复杂工业生产流程的精准控制。这种技术进步标志着电力电子技术从单一装置支持发展为系统性整合解决方案。

（三）微处理器发展的挑战与电力电子的创新

微处理器技术的发展对电力电子技术提出了新的挑战。以 Intel 微处理器为例，其工作电压和电流随着操作频率的提升而逐步增加，这对电力电子开关电源的性能提出了更高要求。未来的微处理器将需要与开关电源进行更加紧密的整合，电力电子技术需在以下几个方面实现突破：

（1）频率提升：随着处理器频率的提高，传统开关电源可能无法满足高频需求，未来需要开发支持更高频率的电力电子装置。

（2）效率优化：处理器的功耗不断增加，对电力电子技术的能量转换效率提出了更高要求，需在能量转换过程中尽量减少损耗。

（3）体积缩小：电子设备的微型化趋势要求电力电子装置实现更高的功率密度，以满足设备小型化和轻量化的需求。

例如，通过将开关电源集成到微处理器内部，可以有效缩短电能传输路径，降低电能损耗，并提高整个系统的效率和性能。这种深度整合将推动微处理器在性能和节能上的进一步突破。

（四）电力电子技术的发展历程与未来方向

电力电子技术作为一门学科，起源于 20 世纪 60 年代，随着半导体晶体管和大功率晶闸管的发明而逐渐发展。70 年代，微处理机的出现推动了工业自动化的变革，使得电力电子技术在工业领域的应用迈上了一个新台阶。

现代电力电子技术已从单一设备控制，发展到复杂的系统集成和智能化管理，尤其在智能制造、可再生能源和智能交通领域展现出广阔前景。未来，电力电子技术的发展将聚焦以下方向：

（1）智能化与自适应控制：通过与人工智能技术结合，电力电子设备将实现自适应控制和智能化管理，能够根据实时需求自动调整运行参数，优化能源利用效率。

（2）新型半导体材料的应用：宽禁带半导体材料（如碳化硅、氮化镓）的应用将进一步提升电力电子装置的性能，为高频、高效、小型化的技术突破提供基础。

（3）全系统能源管理：电力电子技术将不仅局限于单一设备的能量转换，还将在分布式能源系统、智能电网和城市能源管理中承担重要角色，成为构建未来能源系统的核心。

参考文献

［1］ 王欣，祝梦琪，余琴. 电工电子技术［M］. 武汉：华中科技大学出版社，2024.

［2］ 张亚超，韩彦东，李亚民. 现代电子信息原理与技术探索［M］. 西安：西北工业大学出版社，2024.

［3］ 王连英. 电子线路仿真设计与实验［M］. 北京：高等教育出版社，2024.

［4］ 尹淑娟. 现代数字通信原理技术及应用［M］. 武汉：武汉理工大学出版社，2024.

［5］ 江兴方，邱建华. 现代光电子技术［M］. 西安：西安电子科技大学出版社，2023.

［6］ 胡航. 现代语音信号处理理论与技术［M］. 北京：电子工业出版社，2023.

［7］ 周涛，孙力军，顾杰，等. 微波光子信号处理技术［M］. 北京：国防工业出版社，2023.

［8］ 孙玲. 数字电子技术项目教程［M］. 西安：西安电子科技大学出版社，2023.

［9］ 王结虎，祝宝升，刘利峰. 电子信息与网络安全管理实践［M］. 哈尔滨：哈尔滨出版社，2023.

［10］ 何锋，李峭，周璇，等. 先进航空电子综合技术［M］. 2版. 北京：国防工业出版社，2023.

［11］ 凌海风，江勋林，柏林元，等. 装备保障信息化技术与应用［M］. 北京：国防工业出版社，2023.

［12］ 崔健双. 现代通信技术概论［M］. 4 版. 北京：机械工业出版社，2023.

［13］ 管春，胡蓉. 现代电路理论及技术［M］. 北京：清华大学出版社，2022.

［14］ 陈嘉兴. 现代通信技术导论［M］. 3 版. 北京：北京邮电大学出版社，
2022.

［15］ 刘任露，赵近梅. 现代传感器技术及实际应用［M］. 西安：陕西科学
技术出版社，2022.

［16］ 李鹏鹏，苑彬，张玉广，等. 自动化生产线安装与调试［M］. 北京：
北京理工大学出版社，2022.

［17］ 杨婧. 电子信息工程的现代化技术研究［M］. 长春：吉林科学技术出
版社，2021.

［18］ 赵国东，韩冰，刘秀彬. 现代教育信息技术项目化教程［M］. 北京：
北京理工大学出版社，2021.

［19］ 龙绪明，彭志聪，黄昊，等. 电子 SMT 制造技术与技能［M］. 2 版. 北
京：电子工业出版社，2021.

［20］ 王华，吴光成，张雪峰. 信息技术基础与应用下［M］. 北京：电子工
业出版社，2021.

［21］ 刘向虹，王辉，张磊. 机械电子工程系统设计与应用［M］. 长春：吉
林人民出版社，2021.

［22］ 合云峰. 现代电子信息技术［M］. 长春：吉林科学技术出版社，2020.

［23］ 张振海，张振山，李科杰. 信息获取技术［M］. 北京：北京理工大学
出版社，2020.

［24］ 杨杰，张中洲. 电子信息工程概论［M］. 3 版. 北京：电子工业出版
社，2020.

［25］ 胡水星. 现代教育技术［M］. 北京：电子工业出版社，2020.

［26］ 张传新，何扬. 信息化发展驾驭能力研究［M］. 北京：人民邮电出版
社，2020.

［27］ 李会凯，杨新芳，王会芳，等. 信息技术项目化教程［M］. 北京：电子工业出版社，2020.

［28］ 姜淳，吴龟灵. 光电子学基础［M］. 上海：上海交通大学出版社，2019.

［29］ 闫丹，田延娟，秦勤. 计算机网络技术与电子信息工程［M］. 昆明：云南科技出版社，2019.

［30］ 代晓琴. 电子信息［M］. 杭州：浙江教育出版社，2019.